U0933784

百部青少年爱国主义教育读本

永·远·的·丰·碑·系·列

全国爱国主义教育基地·云贵川藏卷

杨江华◎编著

团结出版社

图书在版编目（CIP）数据

全国爱国主义教育基地. 云贵川藏卷 / 杨江华编著. -- 北京 : 团结出版社, 2013.4（2021.6 重印）

（百部青少年爱国主义教育读本. 永远的丰碑系列）

ISBN 978-7-5126-1734-6

Ⅰ. ①全… Ⅱ. ①杨… Ⅲ. ①爱国主义教育－中国－青年读物②爱国主义教育－中国－少年读物 Ⅳ. ①D647-49

中国版本图书馆 CIP 数据核字(2013)第 065629 号

出　版： 团结出版社

（北京市东城区东皇城根南街 84 号　邮编：100006）

电　话： (010)65228880　65244790

E-mail： 65244790@163.com

经　销： 全国新华书店

印　制： 三河市信达兴印刷有限公司

开　本： 710×1000 毫米　1/16

印　张： 10

字　数： 140 千字

版　次： 2013 年 4 月　第 1 版

印　次： 2021 年 6 月　第 2 次印刷

书　号： 978-7-5126-1734-6 / D.349

定　价： 36.00 元

（版权所属，盗版必究）

写在“百部青少年爱国主义教育读本”书前

中国人民大学中共党史系主任、博士生导师
中国中共党史人物研究会副会长　杨凤城

十年树木，百年树人。

对青少年进行爱国主义教育需要从长计议。今天的信息技术还在高速发展中，传播速度极为惊人，世界范围内的各种思想文化在人们的精神世界中相互激荡碰撞。弘扬和培育以爱国主义为核心的民族精神，是国民教育的重要任务，务必在精神文明建设过程中一以贯之，不容忽视，更不得有一丝松懈。

大处着眼，一个民族的精神必须适应时代发展的潮流，跟得上历史进程的趋势。小处着手，爱国主义教育尤其是对青少年的爱国主义教育工作，务必落实下来，落到实处，并且需要一个饶有兴味的形式呈现出来。惟其如此，爱国主义的精神气脉才能入乎眼耳，存乎心胸，真正成为个体生命的一部分。

中国人民百年来反对外来侵略和压迫，反抗腐朽统治，争取民族独立和解放，前赴后继，浴血奋斗的精神和业绩，可谓感天动地；中国共产党领导全国人民为建立新中国而英勇奋斗的崇高精神和光辉业绩，可与日月同辉。中国历史上尤其是中国近现代史上涌现出的著名爱国者、民族英雄、革命先烈和杰出人物，以及新中国成立以后涌现出的许许多多的英雄模范人物，他们是青少年爱国主义教育中最新鲜、最活泼、最具说服力的素材。

因此，对青少年推进行之有效的爱国主义教育，要突出和加强中国近现代史，尤其是中国共产党诞生之后的革命主题和红色主旋律的宣传。

“百部青少年爱国主义教育读本”系列丛书，以“弘扬红色主旋律”、“结合现实问题”为原则进行编写，紧紧围绕爱国主义教育的核心价值体系——爱党、爱祖国、爱社会主义，从历史到现实，从物质文明到精神文明，从自然风光到物产资源，对最广大的青少年进行丰富多彩、生动活泼的爱国主义教育，可谓正当其时，难能可贵。

眼前的系列读本，不禁让人眼前一亮，心生喜悦。编著者极力求其“真”——尊重史实的前提下，用生动活泼的语言讲述一个个真实可感的故事；尽力得其“趣”——饱含深情的语句让人物、事件在书中“活”了起来，“动”了起来，革命前辈的精神气息、信念品格扑面而来，感染着我们，感动着我们；竭力求其“美”——体例结构精心设计，又有大量珍贵历史图片资料作为辅助，更符合青少年的阅读习惯。一项项尽心尽力的创意和编辑工作，充分保证了这一系列读本的阅读价值。

寄望能通过快乐的阅读、有效的阅读，让孩子们的心灵之镜更明亮，让年轻一代的精神家园更加美好！

是为序。

2012年9月26日

目 录

Contents >>>

四川省

云南省

贵州省

西藏自治区

四川省

四川简称『川』、『蜀』，享有『天府之国』的美誉。锦绣天府，有着秀美的自然景观和悠久的人文历史，在这片红色的土地，诞生了名扬天下的『朱毛』红军的朱德元帅和中国共产党第二代领导核心的伟人邓小平，还记载了一段段中国革命的光辉历史。

长征是世界军事史上的奇迹，是荡气回肠的英雄史诗。四川是红军长征经过地区最广、时间最长、战斗最坚苦卓绝的省份，红军三大主力的两次胜利大会师都发生在四川这块热土上；十几万巴蜀儿女参加红军，为新中国的建立流血牺牲；三大主力红军在四川境内多次战斗，足迹遍及近七十个县，留下了四渡赤水、巧渡金沙江、彝海结盟、强渡大渡河、飞夺泸定桥、爬雪山过草地的壮举……

邓小平故居

概况

邓小平故居位于四川省广安市广安区协兴镇牌坊村，当地的老人大多亲切地称之为“邓家老院子”。这是一座坐东朝西的传统农家三合院，占地 800 多平方米，共有 17 间房屋。青瓦粉壁，古朴典雅，庭院绿树成荫、翠竹掩映，具有典型的川东民居特色，充满浓郁的蜀乡风情。院落前方，起伏的坡地上梯田层层，夏日清荷袅袅，秋季稻花飘香。邓小平祖上三代人都居住在这里。1904 年 8 月 22 日，邓小平诞生，并在这里度过了他青少年时期的 15 个春秋。1997 年 7 月，邓小平故居被中宣部评为第一批全国爱国主义教育示范基地。

邓家老院子大门上方悬挂着江泽民 1998 年 2 月亲笔题写的“邓小

◎邓小平故居

◎“邓家老院子”的门牌坊

平同志故居”的匾额。正堂屋是当年邓家接待客人的地方，正堂屋左边的居室是邓小平祖母戴氏的住房，右边是邓小平父母的居室，北转角是邓家饭厅，存放着一张普通的方桌和凳子，当年邓家十几口人在这里用餐。东南转角处是邓家的作坊屋，很宽大，一分为二，一半是粉坊，一半为酒坊。粉坊内至今还存放着一副石磨。南北厢房造型格局基本相同。南厢房一共三间，两边是客厅，中间是过厅。北厢房一共五间，紧挨饭厅的那间房屋是邓小平当年的起居之所，约 20 平方米，里面存放着雕花木床及衣柜，一张桌子和一把凳子。桌面上小平当年读书习文用过的油灯和纸、笔、砚至今尚存。

邓小平虽然只在这里度过了十几年的时光，却对这片养育自己的土地终生难忘，后来他一再嘱托“一定要把广安建设好”。

刻苦的少年

邓小平最早接受的是私塾教育。私塾启蒙读的通常都是《三字经》、《百家姓》之类的书籍，当时的教学方法主要是背诵。对于这些启蒙读物，塾师只是逐字逐句教学生读而不作太多讲解，要求学生能背诵就行。由于邓小平学习刻苦，加之聪明伶俐，因此他在先生教读

◎邓小平少年时的住房

之后很快就能记住，而且背诵流畅，颇得塾师喜欢。

蒙童的作业主要是写毛笔字，其方法是由塾师在 8 开纸上写上几个核桃大小的字发给学生，然后学生蒙上纸临摹。由于塾师在批改蒙童的习字作业时，通常在写得较好的字上划圈，学生称之为“鸡蛋”，因此得“蛋”的多少就成为蒙童写字好坏的一个标准。邓小平对写毛笔字很有兴趣，他不仅读完书就写，而且放学回家后又反复练习，因此他的字进步很快，得的“蛋”也越来越多。每天放学回家，邓小平总是拿着画满红圈的习字本，让母亲看今天得了多少蛋。邓小平的母亲虽然一个大字不识，但深知儿子的心情，总是高兴地夸奖鼓励一番。

私塾写字课的严格训练，为邓小平的书法打下了良好的基础，直到晚年他的字依然刚劲有力。1992 年初，邓小平视察南方。当车行至深圳火车站时，大女儿邓林指着火车站大楼上“深圳”两个大字对邓小平说：“您看，这是您的题字，人们都说写得好。”小女儿邓楠在一旁打趣说：“这是您的专利，也属于知识产权。”邓小平听完笑

了起来。

邓小平 6 岁时进入协兴乡的初级小学念书。在念小学的几年里，不管是烈日炎炎的盛夏，还是寒风凛冽的隆冬，他除一次因病缺了几天课之外，从未旷过一天课。从他家到学校是一条三里远的土路，一遇雨天道路就泥泞难走，常会跌倒在泥水中。祖母和母亲十分心疼，就劝他雨天不要去学堂了，在家中读书写字，但他仍坚持上学。放学回家以后，他有时帮母亲做一些家务活，有时和小伙伴们玩耍一阵，更多的时间则是温习功课，晚上还要点上油灯读书写字。功夫不负有心人，小学期间的他，全部考试成绩除一次考了第二名外，其余均是第一名。

一次“偷钱”的经历

幼年的邓小平还有过一次“偷钱”的经历。那是在他读小学的时候。一天放学的路上，邓小平和其他同学正在走着，发现一位同学正哭得伤心。大家忙上前询问原委，原来是这位同学的妹妹患了重病，高烧不止。这时一位同学说：“那快去请医生呀！”话音刚落，这位同学便大声哭起来了。邓小平立即明白了：不是他们不请医生，而是因为这位同学家里太穷，请不起医生。那怎么办呢？邓小平一路上沉默

◎邓小平故居院内的邓小平铜像

不语，暗暗思索着。

第二天一早刚到学校，邓小平就急忙跑到那位同学跟前，悄悄塞给他五块银元，嘱咐他拿去赶紧给妹妹治病。五块银元可不是个小数目，在当时足可以买下500斤稻谷。这笔钱是哪儿来的呢？原来是邓小平从家里“偷”着拿出来的。其实当时他家也不是特别宽裕，家里全靠织布养蚕撑着。

丢钱的事很快被父亲发现了，他把全家人都叫来问个究竟。不料未等父亲逼问，邓小平就主动承认是自己“偷”的，并递给盛怒的父亲一把竹片领打。父亲气得抡起竹片一顿暴打，邓小平挨了竹片之后一声没吭，含着眼泪走开了。

等父亲气消之后仔细一想，便产生了疑问：这孩子平时节俭得很，怎么会突然偷拿家里的钱呢？

经过一番查问，父亲终于弄明白事情的真相。母亲心疼得一把将邓小平搂在怀里，连声说道：“做得对！做得对！”父亲也很感动，问他：“你既然做了好事，那为什么挨打时却不说明缘由呢？”邓小平回答说：“不管什么原因，随便拿家里的钱是不对的，理应受罚。”至于他为什么哭，那是因为自己不能挣钱去救济别人而感到羞愧。

父亲听罢，被深深地感动了，从这件事中，他看到了儿子的倔强性格和高尚品德，为自己有这样的儿子而感到自豪。

朱德故居暨朱德铜像纪念园

概况

朱德故居位于四川省仪陇县马鞍镇西陲朱家大湾，为土木结构三合院农舍，坐北朝南，朱德青少年时期即在这里生活，留下了许多珍

◎四川仪陇朱德故居

贵的历史实物资料。故居大门上，是郭沫若手书的“朱德同志旧居”匾额。1894 年冬，朱德随家人迁到这里，并在此生活了整整 14 年。朱德于 1909 年离开朱家大湾，走上革命道路。1997 年 7 月，朱德故居暨朱德铜像纪念园被中宣部评为第一批全国爱国主义教育示范基地。

故居内外按 1909 年朱德离开家时的原貌陈列着朱德及其家人使用过的桌、椅、床、石磨、石碾、水缸、锄头。朱德当年的卧室在楼上，那里有朱德读书用过的书桌、算盘、砚台和盛书用的背篮等文物。

1982 年，为了纪念朱德光荣的一生，在朱德故居不远处的马鞍镇关刀山下修建了朱德故居纪念馆。纪念馆建筑古朴典雅，大门正上方悬挂的是邓小平亲笔题写的“朱德同志故居纪念馆”馆名，整个馆区由五个展厅、书画厅、接待室组成，展厅通过文物、文献、图表、照片等反映了朱德的生平事迹。诗书画陈列室展出当代名人为怀念朱德而作的诗画，配以宽大的回廊、假山、喷泉以及园林花草点缀，古朴典雅，庄严肃穆。

1990 年 5 月 21 日，中央军委决定在仪陇建一尊朱德铜像并修建朱

◎朱德故居纪念馆

德铜像纪念园。纪念园坐落在四川省仪陇县城中心，园区占地 6000 平方米，总建筑面积 3654 平方米。一进门，迎面是江泽民题写的“朱德纪念园”园名墙，墙的另一面为朱德生平简介。功勋坊高 9.5 米、宽 6.5 米，矗立在第二层平台中央，坊顶托着中国人民群众解放军军徽，功勋坊匾额两面分别为毛泽东、李先念题写的“人民的光荣”和“人民之光”。第三层的朱德元帅铜像广场是纪念园的主体，朱德元帅铜像屹立在黛色的花岗石基座上，广场的左右树立着两道名人题词墙，壁上刻着党和国家领导人赞誉朱德的题词。第四层坐落着建筑面积为 570 平方米的朱德生平事迹陈列室。厚重的青石屏障、坚固的阶梯和陈列室花岗石贴面，以及金铂镶嵌而成的“日月山川”图，象征着老一辈无产阶级革命家的伟大精神和光辉业绩如日月经天、江河行地，社会主义江山坚如磐石。

朱家的秀才

1886 年 12 月 1 日，在四川省仪陇县马鞍镇，一个生命降临了。他

就是后来成为党、国家和军队卓越领导人的朱德。那时他的家里很穷，十几口人全靠租种地主的田地为生，收成多半给地主交租子了，一家难得糊口，多一个孩子自然就多了一份负担。朱德 6 岁那年，该是上学的时候了，但家里的经济状况却没有丝毫改善。他要是上学的话，家里的负担就更重了。可是，大伯父朱世连是个有远见的人，他觉得家里没有个读书人，只能这样祖祖辈辈受穷，任人欺侮。于是他建议："我看咱们家里就是再苦点，也得送孩子去读书。"就这样，朱德和两个哥哥终于有了读书的机会。

上学的那天，祖母殷切地对他们说："送你们去读书，不容易啊。你们可得给咱们穷人争口气。到那里，要听先生的话，好好学！"年幼的朱德沉重地点了点头，说："阿婆，我记下了！"穷人家的孩子上学真是不容易，除了家庭难以供养外，还受着先生的另眼相待。那时候

◎朱德故居的石碾

能上学的绝大部分是有钱人家的子弟，他们嬉戏打闹，先生并不说什么，而朱家兄弟稍有不慎，就要挨打受骂。那些富人家的少爷们也瞧不起他们，经常找碴戏弄他们。面对这重重困难和莫大的压力，朱德并没有屈服，逆境反而激发了他更加发奋学习的精神。刻苦努力使朱德成为家庭中最优秀的孩子，他终于以优异的成绩考上了秀才。

朱德后来在回忆这段学习生涯时以沉重的心情说道："那时农民生活非常悲惨，常年汗水不干，却交不完地主的地租。有钱人家的孩子都去读书，为了长大好做官，做了官就不会遭受别人的欺负。我们朱家要想不受剥削，家里就要有人读书做官。所以我和两个哥哥被家里挑出来读书，学杂费由全家十多人劳动所得中分摊。到最后大家一年劳动所得的收获，不能同时承受三个孩子念书的费用，只好挑出成绩最好的孩子继续读书。我被挑了出来，由全家人供养念书。所以，我从小就知道发奋，知道我是朱家人含辛茹苦种植的希望。我在 19 岁时，成为朱家第一个考中秀才的人。"

这种刻苦奋斗的毅力与精神，成就了朱德的整个人生。

母亲的教导

穷人的孩子早当家，朱德在四五岁时便开始帮助母亲干一些力所能及的活儿，在田野里、在院子里、在母亲高大身躯的背后常常能见到朱德瘦小的身影。随着年龄的增长，朱德从母亲那里学到了许多劳动知识。对于童年时代的这段生活，朱德曾深情地回忆道："我到四五岁时就很自然地在旁边帮她的忙，到八九岁时就不但能挑能背，还会种地了。记得那时我从私塾回家，常见母亲在灶上汗流满面地烧饭，我就悄悄地把书一放，挑水或放牛去了。有的季节里，我上午读书，下午种地；一到农忙，便整日在地里跟着母亲劳动。这个时期母亲教给我许多生产知识。"童年的岁月里，朱德养成了吃苦耐劳的品格，他在日后戎马倥偬的革命生涯中凭借着这种品格坚定地前行。

朱德的母亲不仅教给他许多劳动知识，也教给了他很多做人的道理。有一年，通南巴地区遭了灾，无数人流离失所，不少灾民拖家带口地出来讨饭。朱德的母亲没有粮食周济他们，就煮了一锅菜糊糊，让朱德给灾民端去。受母亲的这种善良品格的影响，朱德在很小的时候便经常帮助小伙伴们把柴草背回家去。

1895 年除夕之夜，在地主的欺压之下，朱家十几口人被迫沦落到两个地方。临别时，母亲那含泪的教诲、那沉痛的诉说，使幼小的朱德深受触动，在他的心灵深处埋下了“反抗压迫追求光明的思想，决心寻找新的生活”的种子。一个普通的劳动妇女，以自己勤劳朴实的品质、宽厚仁慈的性格为中国革命造就出了一个伟大的儿子。

赵一曼纪念馆

概况

在四川南部，有一座美丽的城市——宜宾市，这里是抗日民族女英雄、英勇的反法西斯战士赵一曼的故乡。宜宾市城西有座翠屏山，海拔 500 多米，因山势巍峨，树木苍翠，屏峙江岸而得名。山前有宽阔的石台阶，蜿蜒曲折，直达山巅。山上池沼亭榭，错落有致，风景秀丽，绿树成荫，赵一曼纪念馆就建在这个地方。纪念馆创办于 1959 年 5 月，原名“抗日民族英雄赵一曼烈士事迹陈列室”。纪念馆占地 3120 平方米，建筑面积 547 平方米。正门悬挂着朱德题写的“赵一曼纪念馆”匾额，馆前是一尊汉白玉的赵一曼戎装全塑像，高高矗立，英姿飒爽。1997 年 7 月，赵一曼纪念馆被中宣部评为第一批全国爱国主义教育基地。

◎赵一曼纪念馆

纪念馆内共设有三个展厅和一个宜宾地方党史陈列室。陈列展出朱德、董必武、宋庆龄、陈毅等人的题词，赵一曼从事革命活动的文献资料，以及赵一曼在东北进行抗日武装斗争的事迹。还收藏了有关赵一曼烈士的实物171件，照片706幅，各类文献资料、题词等200余件。介绍了赵一曼从一个大家闺秀成长为一个坚定的共产主义者的过程，及赵一曼在东北组织领导工人运动，参加东北抗日联军英勇杀敌的光辉业绩及被俘后英勇就义的悲壮情景。

含泪的母亲

在赵一曼纪念馆里珍藏着一张珍贵的照片，照片上一位端庄清秀的女子坐在椅子上，怀里抱着一个大约只有一周岁的可爱的孩子。坐着的女子就是赵一曼，孩子名叫宁儿，是赵一曼唯一的儿子。

赵一曼原名李坤泰，又名李一超，1905年10月出生于四川宜宾徐家乡白杨嘴一个地主家庭。“五四”时期，赵一曼接受了进步思想，反抗封建礼教，谋求妇女解放，冲破封建地主家庭束缚，走上争取人民解放的道路。

◎赵一曼陈列馆的局部

1926 年，赵一曼加入中国共产党，同年进入黄埔军校武汉分校学习。1927 年 4 月，蒋介石在上海发动反革命政变，残害共产党员和进步青年，赵一曼被党组织安排前往莫斯科，进入莫斯科中山大学学习，期间与同学陈达邦结婚。

一年后，赵一曼奉调回国，参加地下工作。此时，她已经怀有身孕。1929 年 2 月，赵一曼在湖北宜昌担任地下工作时，生下了一个男孩，她给儿子取名“宁儿”，希望孩子能平安长大。

同年冬天，组织上派赵一曼迅速到上海向党中央汇报情况，以营救因叛徒出卖而被捕的同志。紧急之下，赵一曼抱起宁儿就出发了。因为匆忙，忘了带钱。身无分文的她经过苦苦央求才搭上了一条小货船，到了上海。上岸筹借船费时，因怕暴露接头地点，给组织带来危害，赵一曼在寒风中抱着饿得“哇哇”直哭的宁儿等待着。可一个熟人也没有，赵一曼心如刀绞，万般无奈的她把宁儿轻轻地放在路边，用颤抖的手捡起一根草标插在了孩子的身上，一边忍不住泪流满面。来催船费的小伙计见赵一曼卖儿凑钱，心中实在不忍，转身悄悄走开了。

◎赵一曼雕像

这次几乎要失去爱子的遭遇，对一个母亲来说打击之大可想而知。为方便工作，赵一曼决定暂时舍弃骨肉之情，把孩子送到丈夫的亲戚家抚养。分别前，她抱着不满周岁的孩子走进了照相馆。留下了他们母子唯一的合影。照片冲洗出来以后，赵一曼把一张留给了孩子，同时给远在莫斯科的丈夫陈达邦写了一封信，表达了对他的思念之情，告诉他将宁儿放在亲戚家中寄养的事，并在信封内装上她和宁儿的另一张合影，一起寄往莫斯科中山大学。

“九一八”事变后，赵一曼主动要求到东北沦陷区战斗，她领导当地军民顽强抵御日寇，在血与火的洗礼中成长为一名智勇双全的抗日英勇。群众都称赞她是“英姿飒爽，目光炯炯，身披大衣，腰系皮带，手执匣枪，威严如铁……文武双全的女指挥。”日伪军也称她是“手持双枪，红装白马的密林之王。”

同时，作为一名母亲，赵一曼每当想起儿子可爱的笑脸时，把儿子抱在怀里的那种温暖感就会萦绕心头。但日寇的铁蹄还在践踏着中华的国土，为了民族的救亡图存，赵一曼只能与战友投入到出生入死的战斗之中。

1935 年 11 月 15 日，赵一曼率战士们在与敌人激战中，大腿骨不幸被打断，昏倒后被俘。敌人使用皮鞭、火烧等酷刑，逼赵一曼说出组织的秘密，但她始终不吐一字。半年以后，敌人的幻想破灭了，决定对赵一曼下毒手。

1936 年 8 月 2 日，赵一曼被押上火车，她知道日军要将她杀害了。在这最后时刻，她想起了远在四川久未见面的儿子。在车上，赵一曼向押解人员要来纸和笔，在短暂的时间内给幼小的儿子写下了两封催人泪下的遗书：

◎催人泪下的遗书

宁儿：

母亲对于你没有尽到教育的责任，实在是遗憾的事情。母亲因为坚决地做了反满抗日的斗争，今天已经到了牺牲的前夕了。母亲和你在生前是永久没有再见的机会了。……母亲不用千言万语来教育你，就用实行来教育你。在你长大成人之后，希望不要忘记你的母亲是为国牺牲的！

一九三六年八月二日　你的母亲赵一曼于车中

另外一封这样写道：

亲爱的我的可怜孩子啊！……母亲死不足惜，……母亲死后，我的孩子要替代母亲继续斗争，自己壮大成人，来安慰九泉之下的母亲！我的孩子自己好好学习，就是母亲最后的一线希望。

一九三六年八月二日　在临死前的你的母亲

这字字千钧的绝笔浸透着中国共产党人为国家、为民族、为人民甘愿献出一切的共产主义精神。在留下这两封遗书之后，年仅31岁的赵一曼英勇就义。

1950年，随着电影《赵一曼》的上映，这位民族英烈可歌可泣的抗日事迹传遍了大江南北。由于“赵一曼”这个名字是根据当时战斗的需要所改的，她的家人和朋友都不得而知。所以，赵一曼的丈夫和儿子没有想到，银屏上英雄的原型竟是自己失散多年的亲人。直到1952年，赵一曼的真实身份得以确认。在赵一曼留下给儿子的遗书16年后，当年的“宁儿”才知道，感动了无数人的共和国女烈士赵一曼就是自己日夜思念的母亲。

黄继光纪念馆

概况

黄继光纪念馆坐落在四川省中江县城东，为纪念中国人民志愿军“特级英雄”黄继光烈士而建立。1931年1月，黄继光诞生在四川省中江县石马乡的一个农民家庭，在抗美援朝战争中担任中国人民志愿军第45师135团9连的营讯员。1952年10月20日，在朝鲜上甘岭地区597.9高地的战斗中，为了掩护战友进攻，黄继光用自己的身躯堵住了敌人正在扫射的机枪射孔，壮烈牺牲。1997年7月，黄继光纪念馆被中宣部评为第一批全国爱国主义教育示范基地。

黄继光纪念馆在1987年10月20日黄继光牺牲35周年之际落成，由纪念景区、陈列展览区和办公区三部分组成。

纪念景区为门厅、中心广场，前面是董必武题写馆名的门楣，黄

◎黄继光纪念馆

◎邓小平题词——特级英雄黄继光

继光扑向敌人枪眼瞬间的雕像跃立在 15 米的高层平台上，邓小平的题字“特级英雄黄继光”刻在像下，题字下镶有 5 幅汉白玉浮雕反映黄继光生平事迹：送子参军、请战、上甘岭激战、欢庆胜利、怀念英雄。浮雕左右双建中朝友谊亭，内悬董必武和郭沫若题写的对联。两个纪念柱和郭沫若题写的“凯歌百代”照壁立在像后。

陈列展览区由五个陈列室组成，通过 500 余件实物、图片、组画和模型展出黄继光烈士的生平、英雄事迹、遗物、朝鲜赠送的礼品、金日成主席的题词和中国党政机关及领导同志的题词。这些文物介绍了黄继光从一个贫苦农民的儿子成长为特级英雄的光辉历程，歌颂了他胸怀全局、奋不顾身的大无畏气概，展示他高度的爱国主义、国际主义和革命英雄主义精神。

永远的纪念

在黄继光纪念馆中，陈列着一方白色的手帕，由于时光流逝，上面已泛出微黄，白色手帕的正中用红色的丝线绣着四个字——“可爱祖国”，在纯白的底色上显得鲜红可爱。这块手帕是黄继光参加志愿军后，随部队出发前留给母亲的纪念品。

1950 年 6 月 25 日，美帝国主义悍然发动了侵朝战争，妄图并吞整个朝鲜，进而进攻中国大陆，把新中国扼杀在摇篮之中。27 日，美国海军第七舰队侵入台湾海峡，严重威胁中国安全，美军飞机还入侵中国领空并轰炸中国东北边境城镇。美帝国主义无视中国政府的一再警告，打着联合国的旗帜疯狂地进行侵略战争。面对敌人的疯狂进攻，中国人民高举反侵略的旗帜。10 月 19 日，中国人民志愿军跨过鸭绿江，开赴朝鲜前线。

◎黄继光雕像

轰轰烈烈的“抗美援朝，保家卫国”的运动传到了偏僻的石马乡（现名继光乡）。在参军动员大会上，黄继光第一个报了名。他说：“我要参军，到朝鲜

去打败美国侵略军，保卫新中国!”他如愿以偿地成为了一名志愿军战士。

1951 年 3 月，在石马乡的欢送大会上，乡亲们敲锣打鼓地欢送黄继光和其他战士赶赴前线。临行时，母亲拉着黄继光的手嘱咐他到部队后要听党和毛主席的话，为祖国人民立功。黄继光铭记住了母亲的嘱托，并把乡亲赠送的一块绣着“可爱祖国”的手帕送给了母亲，留作纪念。

1951 年 7 月，黄继光经过短期训练后，随部队到了朝鲜。1952 年 10 月，以美国为首的“联合国军”向上甘岭附近高地的志愿军发起进攻，抗美援朝最惨烈的战役之一“上甘岭战役”打响了。

“联合国军”针对志愿军在上甘岭附近的 597.9 高地以及 537.7 高地发起猛攻。当时志愿军驻守在这两个高地的兵力只有两个连，“联合国军”却依靠上百架飞机、数辆坦克、多门火炮，以强大兵力对志愿军发起无数次进攻。黄继光所在部队与敌人激战四昼夜，战斗极为激烈。黄继光在枪林弹雨中为连与营部之间传送消息，并及时传达领导的战略命令。

敌人在半山腰上有个火力集中点，志愿军战士多次组织进攻都因为这个火力集中点而损失惨重，久攻不下。为了按时完成任务，营长下达命令：组织爆破组，坚决炸掉敌人火力点。在这个紧急关头，黄继光挺身而出，强烈要求参加爆破小组。

黄继光和战友机智地穿梭于敌人的火力之间，相继炸掉了敌人几个火力点。只剩最后一个火力点的时候，他的一位战友牺牲，另外一名战友因伤势严重已经无法继续作战了。黄继光拖着受伤的身体，匍匐着独自向最后一个火力点靠近。终于，黄继光到达爆破位置，向敌人的火力点投掷出最后一枚手雷。“轰”的一声巨响，手雷炸开了花，但敌人并没有完全被消灭，就在黄继光以为任务完成了的时候，敌人的扫射又开始了。

黄继光的身边已经没有任何可以爆破的武器了，可是如果不阻止敌人的扫射，后面的部队就无法展开有效反击，战斗就难以取得胜利。就在这危难的关头，黄继光毅然爬向敌人的火力点，突然猛地扑过去，用自己身体堵住疯狂扫射的枪眼……

英勇的黄继光牺牲了，朝鲜人民不会忘记他。至今，在朝鲜的五圣山上还屹立着一块石壁，上面写着：“中国人民志愿军特级英雄黄继光同志以身殉国永垂不朽!”以此来纪念黄继光的伟大事迹。同时，黄继光被中国人民志愿军领导机关追记特等功，并授予“特级英雄”称号，被评为抗美援朝战争中的战斗英雄，追授金星奖章和一级国旗勋章。为了缅怀这位烈士，在黄继光的家乡四川省中江县，修建了黄继光纪念馆。

黄继光远在家乡的老母亲再也没能见到自己的儿子，儿子为自己可爱的祖国光荣牺牲了，而出发前儿子留下的那块手帕也成了永远的纪念。

◎黄继光烈士墓碑

都江堰水利工程

概况

都江堰水利工程位于四川成都平原西部都江堰市西侧的岷江上，距成都 56 公里。它建于公元前 256 年，是战国时期秦国蜀郡太守李冰率众修建的一座大型水利工程，是全世界至今为止，年代最久、唯一留存、以无坝引水为特征的宏大水利工程。2200 多年来，都江堰仍发挥着巨大效益，是造福人类的伟大水利工程。1997 年 7 月，都江堰水利工程被中宣部评为第一批全国爱国主义教育示范基地。

都江堰渠首枢纽主要由鱼嘴、飞沙堰、宝瓶口三大主体工程构成。三者有机配合，相互制约。

◎都江堰水利工程

◎鱼嘴

鱼嘴分水堤：“鱼嘴”是都江堰的分水工程，因其形如鱼嘴而得名，位于岷江江心，把岷江分成内外二江。西边叫外江，俗称“金马河”，是岷江正流，主要用于排洪；东边沿山脚的叫内江，是人工引水渠道，主要用于灌溉。

◎飞沙堰

飞沙堰：“泄洪道”具有泄洪排沙的显著功能，故又叫“飞沙堰”。飞沙堰看上去十分平凡，其实它的功用非常大，可以说是确保成都平原不受水灾的关键。飞沙堰的主要作用是当内江的水量超过宝瓶口流量上限时，多余的水便从飞沙堰自行溢出。如果遇到特大洪水的非常情况，它还会自行溃堤，让大量江水回归岷江正流。另一作用是“飞沙”，岷江从上游急驰而来，挟着大量泥沙、石块，如果让它们顺内江而下，就会淤塞宝瓶口和灌区。飞沙堰巧妙地利用离心力作用，将上游带来的泥沙和卵石，甚至重达千斤的巨石，从这里抛入外江，确保内江通畅。古时飞沙堰，是用竹笼卵石堆砌的临时工程，如今已改用混凝土浇铸，以保一劳永逸的功效。

宝瓶口：宝瓶口起着“节制闸”的作用，能自动控制内江进水量，是前山（今名灌口山、玉垒山）伸向岷江的长脊上凿开的一个口子，

◎宝瓶口

是人工凿成控制内江进水的咽喉，因它形似瓶口而功能奇特，故名宝瓶口。留在宝瓶口右边的山丘，因与其山体相离，故名离堆。由于宝瓶口自然景观瑰丽，有“离堆锁峡”之称，属历史上著名的“灌阳十景”之一。

都江堰水利工程是由渠首枢纽、灌区各级引水渠道，各类工程建筑物和大中小型水库和塘堰等所构成的一个庞大的工程系统，担负着四川盆地中西部地区1000万余亩农田的灌溉、成都市50多家重点企业和城市生活供水，以及防洪、发电、水产、养殖、林果、旅游、环保等多项目标综合服务，是四川省国民经济发展不可替代的水利基础设施，其灌区规模居全国之冠。

功在当代，利在千秋

《史记》中说：都江堰建成，使成都平原“水旱从人，不知饥馑，时无荒年，天下谓之‘天府’也”。可见，成都平原能够如此富庶，被人们称为天府乐土，都江堰的修建功不可没。都江堰的建造者，中国古代的水利专家李冰，也因此受到世代的敬仰。

李冰是秦国人，学识渊博，精通天文地理。大约在公元前250年，秦王任命李冰为蜀郡守。当时的蜀地虽然沃野千里，但水旱灾害年年发生，人民生活没有保障。李冰到任后，决心治理给当地人民造成水旱灾难的岷江。

李冰带着自己的儿子二郎，还请了几位有治水经验的农民，一起沿着岷江河岸详细勘察。他们对岷江的水量变化作了记录，绘制了沿河的地形图。

经过实地勘察，李冰了解到，造成岷江泛滥的原因，除了泥沙沉积、河床抬高外，另一个重要的原因是：在灌县有一座玉垒山矗立在岷江东岸，阻碍江水东流。他们在玉垒山附近进行了详细的勘察，终于确定了最后的方案，那就是凿开玉垒山。

玉垒山的岩石太坚硬了，开凿的工程进度很慢。因为当时火药还没有被发明，单凭铁器在巨大的岩石上凿，一凿一个白印儿，十分困难。这没有难住李冰，他和大家一起想办法，后来发明了一种新的施工方法：先在岩石上凿出一些槽，然后在槽缝和天然石缝里填满干草和树枝，点火燃烧。当岩石烧得很热的时候，用冷水猛浇，使岩石爆裂。这种方法非常有效，工程进度果然大大加快，终于凿开了宽约20多米的山口，这就是著名的“宝瓶口”。

“宝瓶口”完工后，李冰发现效果并不明显。原来山的东边地势比较高，流入“宝瓶口”的水量不大。如何能提高“宝瓶口”入口处的水位呢？李冰进行了长时间的思索，最后决定在距玉垒山稍远的上游江心里筑起一道分水堰，这样就可以把江水分成两股，其中一股导入“宝瓶口”，水位提高，就可以保证灌溉所需的水量。

筑成一道牢固的分水堰后，李冰还巧妙地设计了“飞陟堰”，使内江灌区既能保持有水，又不会泛滥。更富有智慧的是，李冰还让石匠雕了三个石人，立在内江水中，作为观测水位的标尺，要求水位“竭不至足，盛不没肩”，既生动又准确。此外，在“宝瓶口”的石壁上还凿刻了24格水位标尺，每格1尺，人们一看就知道岷江水位高低，这同时也是世界上最早的水位尺。

为了彻底消除岷江水患，李冰规定：每年霜降时节要进行一次淘江整修，以解决泥沙沉积问题。在治理岷江水患中，人们积累了许多宝贵的经验，李冰把它们归纳为六个字：“深淘滩，低作堰”，刻在内江东岸的石壁上。2000多年来，当地老百姓一直坚持用这个办法治理岷江，使江水变害为利，恩泽一方。

都江堰是世界水利建筑史上的光辉典范，不愧为功在当代、利在千秋的伟大杰作，是造福人民的伟大的水利工程。李冰的名字和都江堰紧密相连，人们一直怀念他。东汉时，人们就在都江堰的外江立了一座李冰石像来纪念他。四川的老百姓尊李冰为“川祖”，并在都江堰建造了一座“二王庙”，里面供着李冰父子的塑像，人们常到那里参观，缅怀李冰的伟大功绩。在都江堰，历史上一直都有官方以及民间的祭典活动和祭祀活动，每年农历六月二十四日和六月二十六日的庙

◎李冰父子雕像

会活动，即表达了后世对李冰父子的感怀。

红四方面军总指挥部旧址纪念馆

概况

红四方面军总指挥部旧址纪念馆位于四川省历史文化名城通江县。它是著名的红色旅游景区，整个景区由国家和省级重点文物保护单位“红四方面军总指挥部旧址”、“红四方面军总政治部旧址”、“中共川陕省委党校旧址”、“列宁公园”以及“红军广场”组成，景区面积近4万平方米。2001年6月，红四方面军总指挥部旧址纪念馆被中宣部评为第二批全国爱国主义教育示范基地。

◎红四方面军总指挥部旧址纪念馆

◎列宁公园

红四方面军总指挥部旧址原本是通江县有名的文庙，它始建于宋代嘉祐年间，后来被毁，于明代洪武初年重建。红四方面军进驻通江后，将总指挥部等首脑机关设在这里。

纪念馆的陈列分五个展厅，以红四方面军在川陕建立革命根据地的历史为主线，重点反映了红四方面军西征入川、创建苏区，传播真理、唤醒民众，以及通江人民在创建川陕苏区斗争中的巨大贡献。整个陈列通过通俗流畅的文字、大量珍贵的文物、史料、照片以及运用声、光、电等新技术，再现了红军时期的战争、宣传、生活等场景。

1980 年 7 月，四川省人民政府将红四方面军总指挥部、红四方面军总政治部旧址公布为省级文物保护单位。1982 年，纪念红军入川五十周年之际，这里被辟为川陕革命根据地军史陈列馆。1992 年，经中宣部批准，正式更名为红四方面军总指挥部旧址纪念馆，并于 2002 年修建了红军广场。

叫川军“白马戴孝”

1932 年 10 月，中国工农红军第四方面军挥师西征，经过两个多月

◎红四方面军军史陈列馆，雕像为徐向前元帅

的艰苦转战，踏崎岖，战顽敌，摆脱了敌人的围追堵截，转战三千里，翻秦岭、越巴山，入川北，一举解放通南巴，在川陕边境开展了轰轰烈烈、波澜壮阔的土地革命战争。

1932 年至 1935 年间，红四方面军总指挥徐向前、政治委员陈昌浩、副总指挥王树声、参谋长曾中生在这里指挥英勇善战的红四方面军和川陕苏区地方武装，以通江为依托，先后粉碎了蒋介石的“三路围攻”和“六路围剿”，进行了仪（陇）南（部）、营（山）渠（县）、宣（汉）达（县）三次进攻战役和陕南战役，强渡嘉陵江战役。为巩固苏区政权、壮大红军队伍，加速新中国的诞生，作出了巨大的贡献，在中国革命史上写下了光辉的一页。在不足一年的时间内，创建了纵横 23 个县 1 个市，面积达 4.2 万平方公里，人口约 500 余万的“中华苏维埃共和国第二大区域”。在这期间的空山战役是红四方面军取得的一次重要胜利。

1933 年 1 月，蒋介石以 100 万发子弹、20 万元军费为奖励，委任川军第二十九军军长田颂尧为“川陕边区剿匪督办”，联络刘湘、刘文辉、邓锡侯等四川军阀，对红军发动“三路围攻”。红四方面军总指挥徐向前决定运用以逸待劳的谋略，利用山区有利地形与国民党军队周旋，疲困消耗敌有生力量，在空山坝发起决定性的反击。

空山坝距离通江城 200 余华里，海拔 2100 余米，四周重峦叠嶂，北接原始森林。整个坝像只“小木船”，东西长 30 多里，南北宽三、四里。东南峭壁间，只有两条羊肠小道，分别通往东南方向的两河口和西南方向的余家湾、柳林坝，独特的地理环境，为红军大反攻提供了非常好的优势。

空山战役前夕，红军在空山坝小坎子一线阻击敌人。一天，时任红四方面军红 11 师政委的李先念到前沿阵地红椿坪视察地形，向导告诉他，红椿坪前面的山叫大骡马，左边的山是小骡马，右边的庙叫白马寺。李政委听后诙谐地说：“川军进犯苏区真是天怨地怨，连这一带的地名也真有趣，预示川军要吃大败仗。敌人胆敢进犯，不是大落（骡）马，就是小落（骡）马，要是硬冲上来，也要落个‘白马戴孝’的下场。”

1933 年 5 月 12 日，红军开始空山坝战役大反攻，将田颂尧左路纵队的 13 个团分割包围，歼敌 5000 余人，缴获长短枪 3000 余支，机关枪 20 余挺，迫击炮 50 余门，取得了“空山坝大捷”，让川军真正落了个“白马戴孝”的下场。这一致命打击，使国民党军全线崩溃，“三路围攻”被粉碎。同时，也使红军赢得了巩固和发展革命根据地的宝贵时间。

石刻标语

石刻标语是红军在宣传工作上的一大创举，在近代历史上占据独特地位。在秦岭巴山的崇山峻岭中，红军当年刻下了数以千计的石刻

◎平分土地　◎赤化全川

标语。四川全省现存有红军石刻标语一万余处，通江境内现存 1300 余块，成为全国最大规模的石刻标语群。

“赤化全川”，位于通江县沙溪乡景家塬左侧的红云崖上。该石刻由 20 多个石匠，经过 4 个月的奋战刻成。每个字高 5.5 米，宽 4.7 米，笔画宽 0.7 米，深 0.35 米，字的间距为 7.1 米。笔画间躺卧一人，尚有余隙，字迹工整，笔力遒劲，数里路之外仍清晰可见。

石刻标语“平分土地”位于通江县东南 30 公里的佛耳岩，字高 5.7 米，宽 4.6 米，笔画宽 0.65 米。据考证，“赤化全川”、“平分土地”为世界石刻标语之王。

安顺场红军强渡大渡河纪念地

概况

安顺场红军强渡大渡河纪念地位于四川省石棉县彝族乡，纪念地由以红军头像为标志的纪念碑、存放革命文物的纪念馆、大渡河红军渡口、红军炮台、红军机枪阵地、红军战斗遗址、红军强渡成功登岸的安靖坝桃子湾、红军书写的标语、保存完好的红军指挥楼等部分组

◎安顺场红军渡口

◎安顺场红军头像纪念

◎红军强渡大渡河纪念馆

成。2001 年 6 月，安顺场红军强渡大渡河纪念地被中宣部评为第二批全国爱国主义教育示范基地。

大渡河是位于长江上游一条峡谷河流，水深流急，是一道天险。安顺场地处大渡河中游，是大渡河畔的一个重镇，自古为兵家必争之地。1983 年 5 月，太平天国翼王石达开在此全军覆没。1935 年 5 月，中国工农红军渡过金沙江休息 5 天后，由会理沿安宁河谷抵达大渡河安顺场渡口。当时只缴获两只船，对岸渡口又有一营敌军防守。为了扫除这一障碍，红一团挑选了 17 名勇士，于 5 月 25 日冒着敌人的炮火强渡登岸，并陆续渡过了一个师，取得强渡大渡河的首战胜利。因此，安顺场以“翼王悲剧地，红军胜利场”而驰名。

翼王悲歌

安顺场位于四川省西南部的大渡河中游南岸，距雅安市石棉县城 11 公里。安顺场原名紫打地，地势险要，太平天国名将翼王石达开曾在此全军覆没，留下一曲历史的悲歌。

石达开同太平天国首领洪秀全决裂后，率领部队在各地纵横驰骋，

清军闻风丧胆，清统治者也惴惴不安，一心想除之而后快。1863年5月12日，石达开率军3万抵达紫打地（安顺场）渡口。清朝四川总督骆秉章调集重兵，据险阻击。清军在沿线各地备好滚木巨石，阻塞了太平军后退的道路。石达开数次强渡大渡河、松林河，都因为清军火炮太猛、大渡河水流湍急而失利。太平军进退两难，军队伤亡惨重，疾病流行，让纵横沙场十多年的一代名将成为笼中困兽。5月29日，当地土司岭承恩阻断最后一条山路，使太平军陷于绝境。

6月初，万般无奈的石达开作出了“舍命以全三军”的决定，想以牺牲个人来换取将士们的活命。他忍着撕心裂肺的悲痛自沉妻妾和两个年幼的孩子于河水之中，发出了“大江横我前，临流曷能渡”的悲叹，成为千古恨事。

石达开受骗被俘后，骆秉章背弃了与他的约定，下令屠杀石达开的200名部将及2000名士兵于大渡河边，致使滔滔河水血染红。石达开被押至成都，6月26日，被骆秉章凌迟于成都市科甲巷，年仅33岁。

红军勇渡大渡河

1935年5月12日，红军挥师向大渡河进军。

对于历史上石达开兵败大渡河的悲惨一幕，毛泽东与蒋介石同样清楚。蒋介石深知，只要过了大渡河，就再没有任何天然屏障能够阻挡红军前进的步伐了。为此，他精心制订了把红军封锁在金沙江以北、大渡河以南、雅砻江以东地区，予以“根本歼灭”的作战计划，并放言：“大渡河是红军的覆灭之地”。此时的中央红军仅剩2万余人，而蒋介石部署在大渡河会战的总兵力有20万人左右。

“我们不做石达开第二！”5月12日，中共中央在四川会理召开的铁厂会议上，毛泽东坚定地说。

5月16日，红军几乎是沿着石达开当年的行军路线向安顺场急进。24日夜，中央红军红1师出其不意地猛扑河边的安顺场小镇。25日上午9时，红军强渡大渡河的战斗正式打响。从红1团1营2连抽调出来的17名勇士，由连长熊尚林率领，开始强渡大渡河。

17名勇士每人一把大刀，一支冲锋枪，一支短枪，五六颗手榴弹。第一船由连长熊尚林带队，共9人，第二船由营长孙继先率领另外8名勇士奋勇向前。

嘹亮的冲锋号吹响了，轻、重机枪一齐向对岸敌人压制射击。小船一颠一簸地向河心斜漂过去。刘伯承、聂荣臻都走出工事，为了首长的安全，冲锋号停了下来。刘伯承命令："继续吹！"站在一旁的红军总政治部组织部长肖华忙抢前几步，从一名司号员手里拿过号，挺起胸膛吹起来。

有"神炮手"之称的赵章成拿出仅有的4发炮弹，打出两发便击中敌碉堡。小船载着勇士们在弹雨中艰难前行。船靠岸了，黑压压的敌人从山上冲下来，"神炮手"又射出最后两发炮弹，命中敌群。熊尚林率勇士们冲上岸，最终控制了渡口。

刘伯承立即给军委发电报：大渡河渡口已经被我军突破！

红1师1团强渡大渡河的成功，有力地配合了左翼兵团抢占泸定

◎红军船

桥。很快，红2师4团又飞夺泸定桥，红军的千军万马在这里渡过了天险大渡河，打破敌人的封锁，粉碎了敌人要让红军“做第二个石达开”的妄想。

自此，17勇士强渡大渡河的英雄事迹也流传开来，也将永远为后人所传颂。

然而对于“17勇士”的说法，一直以来存在着争论。有人认为应为“18勇士强渡大渡河”，这是因为，其实在强渡大渡河时，两船分渡过去18人。

亲历战斗的红1团团长杨得志在回忆录中详细地记录了这一段历史：“我们挑选了17名同志组成奋勇队，分两次强渡，第一船由连长熊尚林带队，过9人，第二船由营长孙继先同志带队，我在第三船上。”在杨得志1982年发表《强渡大渡河的红军勇士是多少个?》的文章中，回顾渡河情况时提到：“我们可以把奋勇队17位同志称为勇士，若把当时的营长孙继先同志算进去，称18勇士也没有错。”可见，当时两船分渡过去的确是18个人，而“17勇士说”与“18勇士说”的分歧点就在于算不算时任红1团1营营长的孙继先。

根据回顾与推断，当时的情况是当第一船返航后，孙继先营长就在河边，并根据战场态势作出了新的判断，临时决定上了第二条船，带领剩下的8名队员过了河。长期以来，大多数史料都采用了“17勇士强渡大渡河”的说法，主要是认为孙继先营长随奋勇队一起过河，但作为营级指战员，他还担负着指挥其他战斗员掩护奋勇队过江的任务，并不是奋勇队的队员。

强渡大渡河的这17名勇士后来都在革命战争中牺牲了，奋勇队队长熊尚林于1942年6月牺牲在河北崇礼县与日寇的作战中，而17勇士中的其他队员最后的踪迹在哪里都不为人知。

作为当年强渡大渡河一线指挥员的孙继先，新中国成立后曾担任中国人民解放军第一个导弹试验基地的司令员，1955年被授予中将军衔，1990年因病逝世。

对于“17勇士说”和“18勇士说”的争论，孙继先生前曾感慨地说：“至于自己算不算勇士，没有必要争论。革命战争中无数先烈献出了自己的宝贵生命，有些同志牺牲后连名字都没有留下，我们这些幸存者想起他们就心里难过。应该说在长征路上英勇战斗的红军战士人人都是英雄，个个都是勇士。”

泸定桥革命文物陈列馆

概况

泸定桥革命文物陈列馆于1980年建成，馆中陈列着实物、图片、资料240余件，真实地展现了泸定桥战役的历史原貌。馆内还珍藏有朱德、邓小平、刘伯承、聂荣臻、胡耀邦等老一辈无产阶级革命家的题字、题词和书画。2001年6月，泸定桥革命文物陈列馆被中宣部评为第二批全国爱国主义教育基地。

◎泸定桥石碑

泸定桥坐落在泸定县城大渡河上，始建于清康熙四十四年（1705年），建成于康熙四十五年（1706年）。康熙皇帝御笔题写“泸定桥”三个大字，并立御碑于桥头。桥长103米，宽3米，13根铁链固定在两岸桥台落井里，9根做底链，4根分两侧做扶手，共有12164个铁环相扣，全桥铁件共重40余吨。

◎泸定桥

桥的两端分别建有桥台和桥头堡，红墙黄瓦，飞檐雕梁。桥头堡基面以下是落井，埋有生铁铸造的地龙桩和卧龙桩，并以铁链锚固。两岸桥头堡为木结构古建筑，风貌十分独特。自清以来，此桥为四川入藏的重要通道和军事要津。

1935 年 5 月，中国工农红军飞夺泸定桥，冲破蒋介石的堵截，这一壮举在中国共产党和中国工农红军的发展史上留下了浓墨重彩的一笔。毛泽东为此写下了“大渡桥横铁索寒”的不朽诗篇。朱德在长征回忆中写下“万里长江犹忆泸关险”的诗句，充分说明了红军长征飞夺泸定桥的艰险与壮烈。

万里长江犹忆泸关险

飞夺泸定桥，是红军长征中的一场著名的胜仗。1935 年 5 月 24 日，中国工农红军为了避开敌人的“围剿”，在四川石棉县安顺场成功渡过大渡河。在短短的 4 天时间里，红军两次上演长征路上最为精彩的经典之战：强渡大渡河、飞夺泸定桥，书写了中国军事史上的传奇。

红军成功渡过大渡河后，由于水流太急无法架桥，而木船的最大容量也只能坐 40 人，往返一次要一个多小时，速度过于缓慢。

在没有其他选择的情况下，一个新的渡河方案形成了，在此兵分两路：红 1 师及干部团由刘伯承、聂荣臻率领从安顺场继续渡河，组成右纵队，沿岸北上，火速夺占 320 里外的泸定桥。其余部队，由左岸前进，赶往泸定桥，这是一个对红军有巨大考验的决定。

而蒋介石得知红军在安顺场强渡成功后，急调川军两个旅增援泸定桥。可见，谁抢先一步到达并控制泸定桥，谁就掌握了制胜权。

第二天凌晨，红 2 师 4 团团长王开湘、政治委员杨成武接到命令：担任左路纵队先头团，用三天时间赶到并夺占泸定桥。

按照红军正常的行军速度，三天 320 里并不成问题，可是大渡河沿岸的栈道是在悬崖绝壁上硬凿出来的，弯曲狭窄，旁边就是汹涌澎湃的大渡河，不要说跑步，走起来都让人胆寒。

第一天，部队一路急行军，也只走了 80 里。此时，对岸敌军已经逼近泸定桥。28 日凌晨军委来电，限 29 日夺取泸定桥。这样，红军必须在一天内走完剩下的 240 里路。

部队一边走一边抗击敌军，黄昏时已赶到距泸定桥 110 里的一个小村庄。红军行走在泥泞不堪的小道上，突然，发现对岸有火把的点点亮光。经过号兵试探，确定对岸是增援泸定桥的敌人。红军不但不作躲避，反而也点起火把，伪装成敌人行军。没多久，敌人就体力不支，停下来宿营休息。红军可不会停，他们加紧了前进的脚步。29 日清晨，部队赶到泸定桥边。

泸定桥是由 13 根铁索连接两岸，9 根铁索作为桥面，4 根铁索作为扶手。红军到达时，提前赶到的川军已经把桥上的木板抽掉了三分之二，增加了过桥的难度。顺着铁索望去，对岸桥楼处垒着一圈沙袋，这个简易的工事却构成一个坚固的桥头堡。

杨成武紧急选拔突击手，最后确定由二连连长廖大珠等 22 人组织成突击梯队，负责攻下桥头堡，三连跟在后面，一边冲锋一边铺木板，

◎红军飞夺泸定桥纪念碑

一连打掩护，四连负责递木板。

战斗打响了，全团司号员集中起来吹响冲锋号，顿时枪声响作一片。22 名突击队员攀着桥栏踏着铁索向对岸冲去。

子弹打在铁索上冒出火花，突击队员奋勇前进。突击队员刚冲到东桥头，敌人放起火来，顿时熊熊大火包围了东桥头。见此情景，西岸的战士们齐声高喊“冲过去!”于是，廖大珠率领剩下的勇士奋不顾身冲向燃起的东桥头，穿过滚滚浓烟，与敌人展开生死搏斗。

后续部队紧跟着冲了过去，激战过后，川军被红 4 团击溃，红军占领了泸定城。整个战斗仅用了两个小时，红军便奇绝惊险地飞夺了泸定桥，彻底粉碎了蒋介石南追北堵借助大渡河天险把红军变成第二个石达开的美梦。

30 日凌晨 2 时，刘伯承、聂荣臻率右纵队主力到达泸定城。站在这座有着 300 年历史的铁索桥上，刘伯承跺着脚说：“泸定桥呀，泸定桥！我们为你花了多少精力，费了多少心血！现在我们胜利了！”红军再一次化险为夷。60 年后，担任过美国国家安全事务助理的布热津斯基写道：“泸定桥战役是长征途中最具有决定意义的一仗。”

泸定桥因此而成为中国共产党长征时期的重要里程碑，为实现具有重大历史意义的红一、二、四方面军会合，最后北上陕北结束长征奠定了坚实的基础，在中国革命史上写下了不朽的篇章，有“十三根铁链劈开了通往共和国之路”的壮美赞誉。

一个美丽的传说

走在泸定桥上，低头看波涛汹涌的大渡河，大家能否想象一下当年的工匠是怎样把一根根 2.5 吨重的铁链拉过河铺成铁索桥的呢?

关于这件事还有一个传说：相传修桥的时候，13 根铁链难以牵到对岸，人们用了许多方法都失败了。正当建桥的人一筹莫展的时候，有一天，来了一位自称噶达的藏族大力士，他两腋各夹一根铁链乘船渡过西岸安装，当他运完 13 根铁链后，因劳累过度不幸死去。后来，当地人在泸定桥西修建了噶达庙，以纪念这位修桥的英雄。

当然，传说终归是传说。实际上，在修建此桥时，荥经、汉源、天全等县的能工巧匠都云集于此，共同商议牵引铁链渡江之计，最后采用了“索渡”的原理，即以粗竹索系于两岸，每根竹索上穿有 10 多个短竹筒，再把铁链系在竹筒上，然后从对岸拉动原已拴好在竹筒上的绳索，如此巧妙地把竹筒连带铁链拉到了对岸。泸定桥的修建，显示的是劳动人民智慧的光芒。

红军四渡赤水太平渡陈列馆

概况

红军四渡赤水太平渡陈列馆位于太平镇的长征街，是一座小青瓦的三层小楼。在 600 多平方米展厅里，陈列着 200 多件当年红军留下

的弹药武器和日常生活用具，向人们展示着当年这段金戈铁马的历史。2001 年 6 月，红军四渡赤水太平渡陈列馆被中宣部评为第二批全国爱国主义教育示范基地。

◎中国工农红军四渡赤水太平渡陈列馆

1935 年 1 月遵义会议后，中央红军在毛泽东、周恩来、王稼祥三人军事指挥小组的领导下，为甩开国民党军队的围追堵截，实施北上计划，发动了四渡赤水战役。

四渡赤水之战是红军在战略转移中从被动走向主动，从失败走向胜利的转折点，是毛泽东用兵如神的生动体现。为了缅怀先烈，四川省古蔺县在四渡赤水主战场太平镇，建立了中国工农红军四渡赤水太平渡陈列馆，再现了红军四渡赤水的辉煌战绩。

红色古镇

太平镇位于赤水河谷的四川省泸州市古蔺县，与贵州省习水市醒民乡一衣带水，一桥相通，成为古蔺出川入黔的东大门，很早以前就是享誉川黔的水陆码头，是商贾聚散地之一，繁华富庶，素有“小重庆”的美称。

战国至先秦时期，这里属古习国部落和夜郎国，当时的人们将太平镇叫“落洪口”。蜀汉时诸葛亮南征，还曾在这一代排兵布阵。自从明代以后，来自江西的一个名叫朱复桐的商人，他为纪念先辈朱熹曾在白鹿洞书院讲学传道，就将“落洪口”更名为“鹿平场”。后来，朱氏的后裔为了怀念祖上的家乡“太平堡”，又将这里改称“太平渡”，

◎红军长征四渡赤水渡口遗址

这个名字被沿用至今。

1935 年 1 月，遵义会议后，毛泽东、周恩来、朱德等率领中国工农红军为摆脱国民党军队的围追堵截，在川黔滇三省边界沿赤水河流域进行了闻名世界的“四渡赤水”。红军第二、第四次渡赤水时就是从太平渡过河的。这里，因为四渡赤水的军事神话而被载入史册。

据不完全统计，仅太平镇就有红军纪念遗址 80 多处，红军渡口、长征街、长征大桥、长征电站等以红军长征命名的景点随处可见。长征期间，太平渡创造了许多与红军有关之“最”：如“四渡赤水”的次数、渡口最多，收养、救护红军伤员、失散人员最多，帮助红军渡河、当向导、筹军粮、搞宣传的人最多，红军留下的遗物最多，红军留下的故事最多……太平镇，这座红色古镇，散发着它独具特色的魅力，成为赤水河流域一道亮丽的风景。

苍溪红军渡纪念馆

概况

苍溪红军渡位于四川省的苍溪县境内，原是苍溪城东南 3 公里处的塔山湾嘉陵江畔的一个古渡口。嘉陵江由北向南而流，景色宜人。苍溪红军渡是红四方面军长征出发地及红军强渡嘉陵江战役纪念地。为缅怀红军战士的英雄壮举，苍溪红军渡纪念地上建起了红军渡纪念园区，包括纪念馆、烈士陵园、红军石刻标语碑廊等。2001 年，红军渡纪念馆被中宣部评为第二批全国爱国主义教育示范基地。

红军渡还毗邻朱德故里、邓小平故里和红色老区巴中等红色圣地。1984 年 10 月，时年 83 岁高龄的徐向前元帅前往园区并亲笔题下“红军渡”三个大字。

◎红四方面军长征出发地纪念馆

强渡嘉陵江

根据遵义会议指示，红四方面军在徐向前的率领下，强渡贵州省阆中、旺苍、南部三的交汇点——嘉陵江。嘉陵江发源于秦岭北麓的宝鸡市凤县。因凤县境内的嘉陵谷而得名。嘉陵江由北向南，穿越陕西南部，四川北部，到达广元后与白龙江汇合，江水水势汹涌，在两岸悬崖峭壁的挤压下，如野马般奔腾而下。

1935 年初，驻扎在阆中的红四方面军主力部队准备强渡嘉陵江。而敌人已在广元至南部近百公里内布下严密的封锁线，企图借助天险和数座碉堡的驻守，阻止红军渡江。国民党军担任嘉陵江沿岸及以西地区防御的部队，是四川军阀田颂尧的第二十九军和邓锡侯的第二十八军部队，共 50 多个团防守。

为了顺利渡过嘉陵江，红四方面军做了周密部署。徐向前亲自带人沿嘉陵江沿岸勘察地形、水文，选择渡江点。他的标准是敌人沿江防线的薄弱环节，这样有利于实施有重点的突破，在突破成功后，穿插、迂回地消灭沿岸的防御之敌，而且可以迅速向敌人的纵深处发展，

◎苍溪红军渡雕像

攻占嘉陵江、涪江之间的广大地区。

通过仔细比较，徐向前在苍溪到阆中之间选定了三个渡江点：苍溪城南 4 公里处的塔子山、城北 25 公里处的鸳溪口、阆中城北 8 公里处的涧溪口。塔子山一带被确定为主要渡江点，这里江面开阔，约为 150 米至 400 米，且水流相对缓慢，水深也不过 3 至 5 米，岸滩头也比较平坦，守在渡口的敌人数量较少。其他几处渡口为：沙溪场、南津关、河溪关和茄子渡。

选定渡江点后，徐向前决定“杀鸡用牛刀”，集中主力，多路突破，首先歼灭江岸的敌人，然后猛攻直捣敌腹，夺取剑门关。

先是发动陕南战役，将敌人的兵力转移至北方。然后消灭江东敌人的残部，为渡江扫除障碍。直至 3 月上旬，红四方面军已在阆中、苍溪、南部、仪陇等地接连作战，歼敌 4000 余人，缴获 3000 余支枪，彻底击垮了敌人在嘉陵江东岸布下的层层封锁。

渡江的条件成熟了，但嘉陵江两岸没有桥梁相连，渡江的船只也早已被敌人损毁了。所以，制造船只就成了红四方面军首先要解决的问题。

造船的任务落在了红三十一军和总部工兵营的肩上。他们把造船的地点选在嘉陵江支流东河沿线的苍溪王渡和阆中清泉、井溪、土垭袁家岩、鱼筌场（今东兴场）以及嘉陵江上游的猫儿跳、永宁铺，并从阆南县和苍溪县选出了老船工、木匠、铁匠等将近 500 多人共同参加造船行动。在附近百姓的帮助下，战士们搜集了大量的废旧铜铁、木材、桐油等辅料。

经过一个多月的赶制，最终造船 100 多只，每只船可容纳一个班的人数。另外，红军还用竹子制成了 3 座浮桥和几十只竹筏。在此期间，战士们学习了如何控制船只，掌握了泅水技术，提高了水上作战的能力。

造船和练兵的任务顺利完成以后，嘉陵江战役即将打响。

徐向前率队来到江边，由一个班抢先渡江，不料却被敌人发现。此后，红四方面军改变了渡江方式，兵分三路，急渡嘉陵江。红三十军88师263团两个营和总部教导营为中路，从苍溪塔子山渡口乘船出发，在杜里坝登陆。红九军25师为左路，从当地百姓家购得百余只木桶，用木棍将4只木桶连接起来，形成小型的木船作为渡江工具。主力部队有的乘船，有的乘木桶船，接连捣毁了敌人的江防工事。红三十一军的一部为右路，在苍溪以北的鸳溪口顺利登陆。另一部（27师）联合红四军一部，向嘉陵江东岸的敌军发起猛攻。

3月30日，驻守在阆中城的敌军连连败退，主力部队在逃跑之前烧毁了囤积的粮草和木船，留下一些散兵游勇在城中抵抗。次日，徐向前轻松入主阆中城，并将总政治部设在县城南街的秦家大院内。随后，红四方面军宣传部、后勤机关也相继迁入城内。

得知部分红军已渡江成功，国民党军并未罢休，立即派出战机，企图炸毁浮桥，阻止红四方面军余部渡过嘉陵江。红九军27师部分官兵在敌机的狂轰滥炸下，奋勇前行，到达嘉陵江南岸的南津关，夺取了黄花山魁星楼、锦屏山等制高点，此外还修复了华光楼至南津关的浮桥。随后，红九军27师的一部从茄子渡（今属石龙镇）渡口强渡，金龟坝渡口登陆，挺进双龙场。另一部从河溪关渡口渡江，七里坝河口村渡口登陆，向双龙场进发。

红四方面军全体渡过嘉陵江后，迅速建立了苏维埃红色政权，其中包括中发市苏维埃政府和阆中县苏维埃政府。另外还设立了区、乡、村等机构。4月17日凌晨，红四方面军彻底离开阆中城，踏上征途，准备与主力红军会师。

强渡嘉陵江，历时24天，歼敌多达1万余人，占领8座县城，控制了嘉陵江周围近百公里的区域，为红四方面军向川甘边界进军打开了通道。

万源保卫战战史陈列馆

概况

万源保卫战战史陈列馆位于四川省万源市驮山公园内，是为纪念中国工农红军第四方面军历史上“时间最长、规模最大、战斗最艰苦、战绩最辉煌”的“万源保卫战”而建的专题性纪念馆。2001 年 6 月，万源保卫战战史陈列馆被中宣部评为第二批爱国主义教育示范基地。

纪念馆 1986 年 3 月建成开放，胡耀邦题写馆名，徐向前、李先念、许世友、张爱萍等老一辈革命家先后题词。陈列馆占地 20 余亩，馆舍面积 2500 平方米，共设四个展室、七大单元，展线长 170 米，主

◎万源历史陈列馆大门

要陈列了万源保卫战中红军遗存的各类文献资料、武器弹药、石刻标语等珍贵的文物和辅助陈列品共 1000 余件。陈列馆通过沙盘展示、灯箱布景、摄影绘画、图表统计、文字解说等艺术组合，再现了徐向前、李先念、许世友等 8 万红军将士与刘湘的 20 余万国民党川军血战万源的历史场景。

陈列馆按花园式园林设计，主体建筑为翡翠琉璃屋脊，青瓦砖木结构双套四合院。馆内四周栽满苍松翠柏，有徐向前等革命家和军事家的塑像。现馆藏革命文物 1200 多件，其中国家一级文物 2 件，二级文物 15 件，三级文物 90 件，资料性文物 1000 余件。

万源保卫战

1934 年的万源保卫战，是红四方面军在四川打得最大的一场战役，它关系着红四方面军的安危。当时红四方面军被围困在川北，前面有“国民党四川剿总司令”刘湘策动的四川军阀共 240 个团的猛攻；而背后，蒋介石、胡宗南在汉中集结了重兵，正在坐山观虎斗，伺机而动，准备消灭红军。敌人野心非常大，所以投入了大量兵力，这一仗从春到夏，从插秧以前打起，直到稻子收割，在数百里的战线上，足足拼杀了好几个月。

川军兵分六路，采取分进合击、步步为营的战法，以其第五路为主力，对川陕苏区发动大举围攻，企图在三个月内消灭红四方面军。而且刘湘的嫡系部队配备非常精良，不但有重机枪、迫击炮，还有当时的新式武器轻机枪和山炮，甚至经常出动飞机轰炸助战。在前期的遭遇战中，由于川军的兵力不断增加，红军被迫撤退转入防御。

红四方面军收缩至川陕苏区的后部：东起万源以东的甑子坪，西至通江，北迄川陕交界的米仓山，纵横不过 100 多里。

万源地处巴山腹心，历来号称“秦川锁钥”，这里是川东北的门户，县城坐落于一个小平坝上，周围群山环绕。7 月上旬，西北革命军

事委员会在万源城内召开军事会议。会上，徐向前强调：现在我们已退到根据地的后部万源一线，不宜再退，也没有地方再退了。万源之战，是关系着川陕革命根据地和川陕红军生死存亡的一场你死我活的战斗，当即制定了打击顽敌的战略部署。

7 月 11 日，川军发起以万源为主要目标的全线进攻，第一路向川陕边界的两河口推进，拟切断红军入陕道路；第二路、第三路准备攻取汉城，第四路和总预备军一部准备攻取竹峪关；第五路、第六路企图攻占万源及其以西一线。

16 日，川军前方总指挥唐式遵指挥 8 个旅，进攻孔家山、南天门等阵地，被红军击退。22、27 日，唐式遵部先后两次对大面山及其以东的甑子坪发动进攻。

大面山海拔约 1500 米，山高谷深，密布原始森林，白沙河流经山下。红 25 师进驻大面山后，采取坚守要点、多留预备队的战法，第一梯队 73、75 团各留 1 个营在要点上坚守，其余兵力分别隐蔽配置在防御纵深内，作为机动部队。

徐向前命令时任红九军副军长兼红 25 师师长的许世友召集部队设障碍、修工事。许世友亲自检查，不合其标准的都要重修。他常说，

◎参加万源保卫战的红军将领

《水浒》上的宋江三打祝家庄，为什么要打三次，就是因为祝家庄工事修得好，要经得起刘湘来三打、五打、十打。只要他打不烂我们，我们就一定把他打个稀巴烂！

部队在昼夜不停地修筑阵地。先是在一些要点上，依据山势从下至上构筑数道以至十几道堑壕，还在敌人必经的路上插上竹签，或编成竹篱笆，和鹿砦结合起来组成多道防御设施。在一些险陡地段上则准备大量的滚木巨石。

敌人的部队以整团、整旅的兵力轮番攻击，红军的前沿阵地不时被突破，情况十分危机。敢死队、预备队都投入到战斗中来，与敌人反复争夺阵地。

战斗的环境是恶劣的，险恶的自然环境也令人望而却步。其境内山峦连绵不断，满目奇峰怪石林立，处处是险峻的深壑幽谷。有人说，单是听那“手爬岩”、“阎王坡”、“鬼见愁”等地名，一种苍凉忧郁之感便会油然而生。

盛夏的川北，酷热难耐。白天，烈日、硝烟、战火，把阵地烤得像蒸笼一样。夜晚，蚊虫围绕着堑壕、工事不断飞舞。暴雨天，泥水灌满堑壕，指战员泡在齐腰深的水里，坚守阵地。粮食供应不上的时候，指战员们就靠挖洋芋、野菜充饥。

巨大的压力之下，有干部感到顶下去太困难，主张兵退汉中；还有干部认为，一线部队太吃紧，主张动用二线兵力。

徐向前意志坚强：“不退，一步也不退。退往汉中，放弃川陕根据地，坚决不能干。二线主力不能动用。‘不见兔子不撒鹰’，要熬到总反攻，投到总反攻中去。实际上，当我们最困难、最熬不住的时候，往往也正是敌人最困难、最熬不住的时候。打仗，就要有股狠劲、硬劲，要熬得过战局中的‘最后五分钟’。”

徐向前亲临大面山视察，叮嘱许世友：“大面山是敌人的主攻方向之一，是全线的重点阵地，一定要守住。你们右翼的三十军，左翼

◎巴山女红军塑像

的四军，都打得很好。敌人还会发动更猛烈的进攻，你们的任务是极其艰巨的。”

情况果真如此，战斗打得十分艰苦。6月下旬至7月下旬，川军在万源前线伤亡7000余人，但刘湘仍在不惜代价地进攻。万源之战，对于双方来说是，都具有“成败在此一举”的关键作用。

8月初，刘湘准备发起进攻。他发布奖惩条例，宣布以3万银元作为夺下万源及其附近阵地的奖赏，规定擅自放弃阵地者军法处置，师长、旅长在所属两旅、两团上阵而不亲临前线指挥者处死。8月6日，唐式遵到大面山前线指挥，分兵三路向红军疯狂进攻。

红四军12师师长张才千率36团、34团1营坚守玄祖殿，此山位于万源西南30公里处，海拔1600多米。12师官兵在山脚、山腰、山顶各构筑了数道防御工事，最前沿是把粗大的树木砍倒后堆建的木城。在木城外敌人必经的路上，埋下了坚硬的竹钉，并用茅草、浮土掩盖好。木城里面修筑了三四道堑壕，最后一道堑壕是主阵地，各条堑壕上面架上树木和树枝，再堆上一堆厚厚的泥土，便成为盖沟。有的堑壕之间用交通壕连接，非常便利。

川军在长官的逼迫下或在奖赏的诱惑下，以整营、整团轮番冲击。红 36 团 2 营 4 连战至午后，被迫退守至第二线阵地前的一个山垭口。在垭口前的陡坡上，战士们用绳子拦住几个大石滚和许多大石块。当川军逼近垭口时，红军砍断绳子，乱石翻滚而下，敌人死伤无数。张才千投入的预备队夺回了第一道堑壕，川军败退。

7 日下午，红 25 师趁热打铁，把川军赶到七八里以外的白沙河边才收兵。当时，红 25 师官兵每人都有一把纯钢打造的大刀，十分锋利。万源一战，短兵相接，许多红军把大刀都砍得卷刃了。

终于，敌人疯狂的“六路围攻”归于失败了，红军取得了万源保卫战的胜利。

对于这场著名的战役，总指挥徐向前回忆说：“反刘湘的六路围攻是我们在四川打得时间最长最艰苦的一个战役。在红四方面军的历史上，也可以说是规模最大、持续时间最久……战绩最辉煌的一个战役……在反‘六路围攻’中最有决定意义的是万源一带的决战防御。假如万源失守，我军就有被压出川北的危险。敌人拼了死命，我们也拼了死命，这是关系川陕革命根据地生死存亡的一次决战，不拼命不行啊!”

万源保卫的胜利有着十分重要的意义。如果“万源保卫战”失利，敌人必然摧毁川陕革命根据地，随后，20 万国民党军就会夹击长征途中仅剩 3 万余人的中央红军。中央红军行至川西，不但得不到红四方面军的接应，而且会遭到来自四川、贵州、云南各路敌人重兵的围追堵截，面临着被敌人吃掉的危险。显而易见，万源保卫战的伟大胜利不但关系到红四方面军的生死、川陕苏区的存亡，而且关系到整个工农红军的命运、中国革命的前途。

陈毅故居

概况

陈毅故居位于四川乐至县薛苞镇（现名劳动镇）正沟湾，始建于清朝乾隆初年，是一座具有浓厚的川中民居特色的四合院木质结构瓦房。1901 年 8 月 26 日，陈毅就诞生在这里。2001 年 6 月，陈毅故居被中宣部公布为第二批全国爱国主义教育示范基地。

故居大门悬挂着“陈毅故居”金漆大字匾额，两侧是一副楹联：“直声满天下，功勋炳世间”，为已故全国政协副主席、著名书法家赵朴初先生撰写。

从故居大门前行 200 米左右，就到了陈毅故居文物陈列馆。陈列馆建于 1986 年，是中国古典式庭院建筑风格，古朴典雅，美观大方。

昵图网 nipic.com/

◎陈毅故居大门

大门的门楣上挂着“陈毅故居文物陈列馆”的匾额。

陈列馆大门正前方，一尊高2.6米的陈毅铜像屹立在院中，雕像栩栩如生，右手扶杖，左手挽衣，两眼凝视前方。院内培植多种名贵花木，假山造型十分秀美。五个展厅分别展示了陈毅元帅青少年时期和生平革命活动的照片，还保存大量的珍贵文物史料，陈列着全国各地的名人题词、书画等。

小“神童”

陈毅自幼酷爱读书，家中同胞兄弟姐妹5人，他在兄弟中排行老二。陈毅3岁开始跟着两个哥哥背诵《三字经》，5岁开始由父亲课读《千字文》。之后，他被送入私塾，学习成绩总是名列前茅，同学们都称他“小神童”。他看起书来，有时废寝忘食，达到入神的程度。

一次，陈毅到一位亲戚家过中秋节。进门后，他意外地发现了一本文学名著，于是便不顾几十里跋涉的疲劳，在一间空屋子里兴致勃勃地读起来，一边读还一边用毛笔做笔记。亲戚几次催他吃饭，他都舍不得放下手中的书本。后来，亲戚只好把蒸好的糍粑和糖给他端到了书桌上。糍粑本该蘸着糖吃，谁知陈毅的注意力全集中到书上去了，竟然把糍粑伸到砚台里蘸上墨汁往嘴里送。过了一会儿，亲戚来看他，发现他满嘴都是墨，大吃一惊，不由自主地“啊”了一声。这下，把外屋的人全引进来了，大家一看陈毅的样子，都忍不住哈哈大笑起来。陈毅明白了是怎么回事之后，笑着说：“喝点墨水没关系，我正觉得肚子里墨水太少呢！”

还有一次，老师来到陈毅家，看到他正在灶前一边烧火，一边看书，因为他看书入了迷，火烧得太旺了，从锅里冒出了糊味儿。妈妈刚从井边洗菜回来，发现米饭烧糊了，生气得要打陈毅。

“不要打孩子！”老师连忙劝阻，“饭烧糊了可以将就吃，这孩子专心用功，十分难得。”说完，老师又亲切地对陈毅说：“以后做事，

要多留心！”陈毅点点头。老师从陈毅手里拿过书一看，原来是一篇还没教的课文，他已经用笔在上面画了许多圈圈点点。

老师惊奇地问：“这些符号是什么意思？”

陈毅回答说：“打圈圈的，是懂得的；打半圈圈的，不太明白，等老师讲明白了，再打圈圈；打黑点的是生字。”原来陈毅每次听课前，总要把新课先预习一下，把生字和不懂的词句画出来。听课时，他格外留心，再有不懂的地方，便直接向老师提出问题。

老师十分高兴地称赞道：“真是一个很好的学习方法。今天我总算发现了你学习成绩好的‘秘诀’。人们称赞你是‘神童’，说你天资聪明，其实更重要的是你勤奋，你真正懂得了‘学问学问，多学多问’的道理！”

仗义折腿

陈毅 7 岁那年，外祖父黄福钦捐 200 两银子得了个湖北省利川县建南司“巡检”的小官。黄福钦要女婿去帮办文书，并希望把一个外孙带去。于是，陈毅随父亲到了外祖父的任上。

当时的官场十分黑暗，像巡检这样的小官只得受制于当地有权势的豪绅，听命于腐败的上司。所以，巡检司专司“捕盗贼，诘奸宄”的职责，衙门里三天两头残酷地拷打“犯人”。后来，陈毅才得知那些被衙门拷打的“犯人”多半是交不起租谷的穷苦农民，有的还是劫富济贫的人物。

1942 年 3 月 8 日，陈毅在给奥地利医生罗生特的信中，曾这样回忆这段生活：“我在那里过着衙门生活。那时候留下一个至今难忘的印象，就是见衙门里经常毒打犯人，使我在旁边看了非常难受。我很同情那些被打的人，在我心里开始种下了对旧社会愤怒不平的种子。”“在那里过了两年多时间，……官府中腐败黑暗的情况，引起我极端的厌恶……”

随外公到任上的一段时间里，年幼的陈毅十分同情穷人的疾苦，总想尽自己所能帮助他们。

一天，陈毅正在窗下写作文，忽然听到衙门口隐约传来一阵阵凄凉的哭泣声，还夹杂着衙役粗野的叫骂声。陈毅不由自主地急步跑出院去，想看看又发生了什么事。

来到衙门口，只见一个60来岁的老头，满脸血迹，衣服撕破了好几处，他两只手有气无力地捶打着胸口，嘴里一声接一声地呼叫："大老爷救命啊，大老爷救命啊！"在老头的身边，是一个鬓发斑白的女人，她垂着头，泣不成声，怀里还抱着一个泪痕满面的小女孩。衙役一面凶恶地挥着手，驱赶看热闹的人群，一面对告状的老头大声斥责："跟你说过多少遍了，老爷今天有紧急公事，不在家，还不快走！"

老人苦苦哀求，引得过路的百姓都围过来看，有人问老人为什么非要见巡检老爷。老人边哭边说，他姓贺，家离镇子不远，是一个老实的农民。他家有个媳妇，模样长得很俊，不料却被当地一个地主看中了。今天，地主趁他的儿子不在家，带了几个帮凶，闯进他家，硬把他的儿媳抢去抵债。他和老伴阻拦，遭到一顿毒打，没有办法，老两口带着孙女就直奔衙门告状来了，希望能救救他们一家。

陈毅听着老人悲惨的叙述，不由得把拳头握得紧紧的，牙齿咬得格格响。他走到老人面前，气愤地说："我外公在看戏，走，我引你去！"

大庭广众之下，突然冒出这样一个见义勇为的小孩子，大家都非常惊奇。衙役上前和蔼地对陈毅说："小少爷，不要理他，今天老爷早有吩咐，不办公事的。"陈毅不理那个衙役，只顾拉着老人就走。

陈毅一气跑到唱戏的地方直往里闯，可是里面看戏的人太多，拥挤得水泄不通，无法进去。他想到可以去台口叫出外公，就绕到了台后。台后靠墙壁处有一架楼梯，陈毅心急如火，一个劲往上爬。谁知楼梯在离台口缺了一根横档，加之光线暗淡，陈毅没有看清，只听"扑通"一声，重重地摔到了地上。看戏的人不知发生了什么事，一时乱了起来。当陈毅的外公和父亲闻讯赶到的时候，陈毅忍住疼痛，急促地说："衙门口有人喊冤，外公，你快回去审案。"

外公十分疼爱陈毅，当发现陈毅的右腿受伤时，急得大汗直冒，要立即亲自送他到一位医生家去治疗。陈毅见外公迟迟不走，着急地哭着说："我是来喊你才摔倒的，你不回去办案，我也不去医治。"

外公见陈毅这样认真，只好嘱咐了几句，赶快回衙门去了。后来，陈毅从爸爸那里知道那桩案子了结的情况：外公回到衙门，下令把那个财主抓了起来，告状的老人的冤情得到了申诉，儿媳得救回家了。陈毅听完，心里有说不出的高兴。

1910 年春夏间，9 岁的陈毅由父亲带回四川，经乐至老家到了成都。早在 1909 年，陈家已将 40 亩田产抵押后，由乡下迁到省城，居住在成都东门外的上河心。随外公在任上的日子里，突显出少年陈毅疾恶如仇、刚直不阿的鲜明个性，这与他成人后的性格是一脉相承的。

川陕革命根据地博物馆暨川陕苏区将帅碑林

概况

川陕革命根据地博物馆暨川陕苏区将帅碑林位于大巴山下，巴水之滨的四川省巴中市城南。2005 年 11 月，川陕革命根据地博物馆暨川陕苏区将帅碑林被中宣部评为第三批全国爱国主义教育示范基地。

1932 年 2 月，红四方面军结束了从鄂豫皖苏区西征的战略转移，挺进川北。经过与国民党蒋介石、四川军阀的浴血奋战，共毙伤敌军 15 万余人。同时，在川陕边区党组织和人民群众的支持下，红四方面军由进入四川时 4 个师的 1.5 万人发展到 5 个军的 8 万人之众，巩固和发展了包括 23 个县（市）的革命政权和 600 多万人口的根据地，成为

◎川陕革命根据地博物馆

了全国第二大苏区。

新中国成立后，为纪念红军的伟大胜利，弘扬长征精神，巴中市在城市南郊的南龛山上建成了川陕革命根据地博物馆。该馆占地13300余平方米、拥有馆藏文物2万余件，全面反映了中国共产党领导下的红四方面军和川陕苏区人民为创建、巩固和发展川陕革命根据地的光辉业绩。

红军石刻园陈列的红军石刻文献，是研究红四方面军和川陕苏区历史的实物见证。而且，在博物馆附近建起了全国最大的红军碑林——川陕苏区将帅碑林，占地113亩，主要由红四方面军主要将领纪念像园、碑林长廊、楹联长廊、纪念馆、红军陵园、奉献碑、标志碑、观景台等十二大碑区构成，共有碑3980块，10多万红军将士与红军烈士的名录镌刻在这里。

◎川陕苏区将帅碑林

川陕革命根据地的建立与发展

川陕革命根据地是在第二次国内革命战争中创建的一个重要根据地。1932 年 10 月，红四方面军主力从鄂豫皖革命根据地突围向西转移。在总指挥徐向前等人的指挥下，粉碎了敌人的围堵，于 12 月中旬到达陕南。接着，趁四川境内的军阀混战，川北防务空虚之机，大军越过巴山，进入川北，于 1932 年 12 月 25 日，解放通江，1933 年 1 月 23 日解放巴中，2 月 1 日解放南江。1933 年 2 月 7 日，成立了中共川陕省委会，到 2 月中旬，成立了川陕省工农民主政府，即省苏维埃政府。

川陕革命根据地的建立引起了蒋介石的恐慌和不安，他急命田颂尧集中兵力扑灭四川境内的红军力量。

田颂尧率六万人，分三路对刚刚建立起来的红色根据地发动进攻。1933 年 6 月，红四方面军胜利地粉碎了敌军的“三路围攻”，歼敌两万多人。随着敌人的一次次失利，红色根据地的范围不断扩大，1933 年 8 月中旬到 10 月下旬，根据地发展到东起城口，西至嘉陵江，南达营山、渠县，北到陕南的镇巴、西乡、宁强的广大区域，形成了中华苏维埃共和国新的“第二大区域”。

10 月底，王维舟领导的川东游击军在宣汉县境内与红四方面军会师，改编为红三十三军。至此，红四方面军发展到了五个军，共八万人。

1933 年 10 月，刘湘就任“四川省剿匪总司令”，率各路军阀部队共 20 余万人，分兵六路向川陕根据地发动进攻。11 月初，红军采取“收紧阵地，诱敌深入”的方针，英勇抗击入侵的敌人。到 1934 年 9 月，红军彻底粉碎了刘湘的“六路围攻”，总计毙伤敌人 6 万多人，俘获 2 万多人，从敌人包围圈中突围出来，开始了长征，并于 12 月到达贵州。这引起了蒋介石的极度恐慌，他一方面害怕红四方面军的发展，更害怕中央红军与红四方面军会合，于是加紧了对红军的“川陕会剿”。

1935 年 1 月，遵义会议之后，根据党中央的指示，红四方面军在徐向前的领导下，发动了一系列战役，支援和策应中央红军的行动。1935

年 3 月 28 日的夜晚，红四方面军发起强渡嘉陵江之役，一举渡江，紧接着攻占了剑阁、中坝等地。但是，正当红四方面军主力连战连捷、向甘南推进的时候，在后方的张国焘却率根据地的党政军机关和所有部队从通江向西撤退，渡过嘉陵江，自动放弃了川陕革命根据地。紧接着，红四方面军转而进行长征，同年 6 月与中央红军在懋功会师。

自 1932 年 12 月成立川陕革命根据地到 1935 年 4 月红军最后撤离根据地，前后历时两年零五个月，川陕革命根据地军民以英勇顽强的斗争创造了不朽的业绩，在摸索中国革命的正确道路上创造了许多可贵的经验。

红军长征纪念碑碑园

概况

红军长征纪念碑碑园位于四川松潘县川主寺镇元宝山，是中共中央、中央军委为纪念红军长征这一人类史上的奇迹而决定修建的，奠基于 1988 年 6 月 12 日，1990 年 8 月落成。邓小平亲自题写碑园名“红军长征纪念碑碑园”。2005 年 11 月，红军长征纪念碑碑园被中宣部评为第三批全国爱国主义教育示范基地。

红军长征纪念碑碑园由主碑、大型花岗石群雕、陈列室三大部分组成。主碑 41.30 米，耸立于元宝山顶，由红军战士铜像、碑体、基座组成。红军战士铜像高 14.80 米，双手高举成“V”字形，象征胜利，一手持步枪，一手执花束。碑体高 24 米，三角柱项，象征三大主力红军。汉白玉基座高 2.5 米，墨绿色磨石地面。主碑背靠雪山，面向草地，气势恢宏，当夕阳西下时，金光四射，尤为壮观，被誉为“中华第一金碑”。

◎红军长征纪念碑碑园

大型花岗石群雕刻画的人物共九组，分别为：开路先锋、勇往直前、团结北上、山间小憩、草地情深、征途葬礼、前赴后继、回顾思考、英灵会聚，艺术地再现了红军长征的战斗历程，是我国规模空前的现代艺术群雕。群雕高 12.5 米，长 72 米，宽 8 米，用 1160 立方米计 1440 块红色花岗石精雕细刻组合而成。

陈列室别具风格，门厅两边悬挂着 10 余块中央领导和红军老前辈题词的楠木匾额，室内展品则反映了红一、红二、红四方面军和红二十五军的征战历程及各地修建的长征纪念建筑照片。

长征中彭德怀含泪杀坐骑

在遇到困难时，人们常说：“苦不苦，想想长征两万五。”可见，长征是一段艰苦卓绝的历程。而长征中的穿越草地，堪称红军长征中一段最为艰苦的岁月。红军指战员在饥寒交迫的情况下，向北挺进。走在前面的部队断粮后可挖野菜吃，走在后面的部队则连野菜也找不到，只能饥肠辘辘地挨饿硬扛着，有许多人因为饥饿没能走出草地。彭德怀痛杀坐骑的故事就发生在这个时期。

◎红军长征纪念碑

1935 年 8 月，彭德怀率领红三军团负责殿后。部队穿越川西北的广阔草地时，由于没有粮食供给，战士们都难以支撑，彭德怀眼见战士们一个个因饥饿而昏倒在地，感到万分焦急。还有什么可以充饥的？他想起了那匹跟随自己转战的黑色骡子。

这匹从江西出发时就跟随彭德怀走上长征路的黑骡子，一路上又是驮伤病员，又是驮粮食和器材，每天它的背上堆得像座小山似的。彭德怀非常喜爱它，有时，边抚摸着黑骡子边低声对它念叨：“你太辛苦了，连一点料都没有。”说着，把自己的干粮分出一小块，悄悄地塞进黑骡子的嘴里，微笑地看着它吃完。

这天，彭德怀来到这匹黑骡子身边，抚摸着它。黑骡子温顺地站在那里，并没有动。

“总共还有几头牲口？”彭德怀问老饲养员。

“算上这头大黑骡子还有 6 头。”老饲养员十分不解地回答。

“好，全部集中起来，杀掉吃肉！”彭德怀命令道。

“什么，杀掉？你不出草地啦！”老饲养员着起急来。

彭德怀大声地说：“正是为了走出草地，才采取这种办法。”

几个警卫员听到这话也急忙围拢过来，大声说：“军团长，大黑骡子可不能杀啊！”彭德怀转过脸来看了看这匹黑骡子，对大家说：“部队现在连野菜都吃不上了，只有杀牲口，赶快解决吃的，我们或许能多些人走出草地。”

老饲养员流着眼泪对彭德怀说：“可是你怎么走出草地？别的可以杀，大黑骡子一定要留下，它为革命立过功！”

彭德怀拍了拍老饲养员的肩膀说：“你们能走，我也能走，雪山不是已经走过来了吗？草地又算得了什么！大黑骡子是为革命立了功，这次，就让它最后立一次大功吧！”

大家一再向彭德怀求情，彭德怀有些不耐烦了，大声对身边的警卫邱南辉喊了一声：“传我的命令，让方副官长负责杀骡子！”平时都是军令如山，可今天却没了动静。彭德怀厉声说道：“方副官，快开枪！要是不执行命令，你就要挨枪子！”

6头牲口集中到了一起，彭德怀背过脸去。枪声没有响，大家都不说话，周围一片安静。6头牲口都好像预感到什么，嘶鸣了数声之后，默默地低下了头。

20分钟过去了，仍然没有听到枪声。“副官长，快开枪！你不向它们开枪，我就要向你开枪！”彭德怀双手叉在腰间怒吼道。

方副官无奈地把枪口瞄准那几头牲口，“砰、砰……”接连几声枪响，几匹牲口相继倒下。最后一枪，射向了那匹黑骡子。当黑骡子倒下的那一刻，饲养员飞奔到它的身边，搂住它的脖子，失声痛哭。彭德怀转过身，向着斜倒下的大黑骡子，一言不发，缓缓地摘下了军帽。

当天晚上，炊事员炖了肉，草地的篝火旁多了些温暖和生机。警卫员盛了一碗肉汤，端到彭德怀身边，说：“军团长，你也要补充些营养。”

“我吃不下，端开！”彭德怀转过脸去说。

漫漫征途，再也看不到那匹黑骡子的背影，它化入了红军北上的力量之中。而彭德怀为了挽救战士们的生命，为使更多的人走出了茫茫草地，含泪杀掉自己坐骑的故事，也化作一股暖流在军中传递着。

“5.12”汶川地震遗址、遗迹及地震博物馆

概况

汶川地震遗址、遗迹及地震博物馆包含“万众一心众志成城”——抗震救灾主题展览馆、北川县城地震遗址博物馆、汶川地震震中纪念地、汉旺东工业遗址纪念地、都江堰虹口深溪沟地震遗迹纪念地，真实地记录了 2008 年 5 月 12 号发生在四川汶川的一场特大地震和伟大的抗震救灾斗争。2009 年 5 月，汶川地震遗址、遗迹及地震博物馆被中宣部公布为第四批全国爱国主义教育示范基地。

◎汶川大地震博物馆

“万众一心众志成城”——抗震救灾主题展览馆为国家级博物馆，有很多珍贵图片和实物，以拍摄于抗震救灾不同阶段的写实照片为主，包括国家领导人、解放军和群众等抗震救灾的珍贵画面等。展览以全面展现抗震救灾斗争历程为主线，以大力弘扬

◎汶川大地震遇难者公墓

伟大抗震救灾精神为主题，分为序篇及六大部分。第一部分为“坚强领导心系人民”，第二部分为“争分夺秒全力营救”，第三部分为“临危不惧奋起自救”，第四部分为“八方支援共克时艰”，第五部分为“恢复生产重建家园”，第六部分为“伟大精神不竭动力”。展览全面回顾规模空前的抗震救灾斗争历程，反映可歌可泣的英雄壮举和感天动地的崇高精神。

“5·12”汶川大地震给北川带来了巨大损失，北川老县城遭到毁灭性破坏，老县城地震遗址几乎囊括了地震和次生灾害的全部特征。北川县城地震遗址博物馆为研究地质构造、预防地质灾害提供了科学依据。

映秀是汶川地震龙门山中央断裂破裂点，也是汶川地震的震中区，汶川震中纪念地（汶川映秀镇遗址）代表了汶川地震对极震区乡镇的毁灭性破坏。在地震学、地震地质学、地震应急救援技术、地震社会学、民族学等学科和领域有较大的研究价值。

汉旺东汽工业遗址纪念地位于绵竹市汉旺镇，以东汽厂区作为“5·12”地震对四川造成重大破坏的典型纪念地点，包括地震博物馆、工业博物馆、生态修复展览馆等。

都江堰虹口深溪沟地震遗址代表了在汶川地震极震区地表地震破裂带（地震断层）的同震位错及其引起的地面破坏与变形现象，在地震学、地震地质学，地震科普等学科和领域有研究价值。

灾难中的大爱

一、母爱

地震过后，抢救人员在一片垮塌下来的房子下发现这位女子的时候，她已经停止了呼吸。透过那一堆废墟的间隙可以看到她死去的姿势，双膝跪着，上身向前匍匐着，双手扶着地支撑着身体，身体被压得变形了。救援人员从废墟的空隙伸手进去确认她已经死亡，又冲着废墟喊话，并用撬棍在石板和砖头上敲了几下，里面都没有任何的回应。

当救援人员向下一个建筑物走去时，救援队长忽然明白了什么，

◎汶川地震遗址

他拼命地往回跑，边跑边喊："快过来！"他又来到这位女子的尸体前，费力地把手伸进去，在女子弓起的身体下面摸索，突然他激动地高声喊道："有人！有个孩子，还活着！"

经过一番努力，大家小心地把废墟扒开，在这位母亲的身体下面躺着她的孩子，孩子被包在一个红色带黄花的小被子里，大概有三四个月大，因为母亲身体的庇护，他安然无恙，此刻还在静静地睡着。熟睡的小脸让在场所有的人无不感到温暖。

救援医生解开被子准备给孩子作检查时，发现有一部手机塞在被子里。医生看到了一条已经写好的短信："亲爱的宝贝，如果你能活着，一定要记住我爱你"。

手机在现场传递着，每个看到短信的人都掉下了眼泪。

二、"快……救孩子"

苟晓超生于 1984 年 9 月，2006 年以优异的成绩毕业于重庆西南大学计算机专业，2007 年 8 月以全县第一名的成绩公考成为一名教师，他放弃了留在县城工作的机会，来到一所农村小学任教。因为优异的工作业绩和高尚的思想品格，2008 年 4 月，他被学校发展为入党积极分子，同年的 5 月 2 日刚举行了婚礼。

当灾难来临时，苟晓超老师正在教学楼里例行巡察。突然，一阵地动山摇，整栋教学楼剧烈地颤抖摇晃。"快跑，教学楼要垮了！"他大声呼喊，让学生赶快逃生。同时，他大声通知在二楼和一楼巡察的各位老师。正酣睡着的孩子被惊醒了，一时迷迷糊糊，不知所措。"快跑！危险！快，快……"他一边大声喊着，一边迅速抱起两名孩子直往楼下冲去，清醒的孩子们紧随着往下跑。到了楼下，他立刻返身冲向三楼。此时，150 多名孩子正从楼道向下涌来，他奋力来到三楼，又抱起两名学生向楼下冲。

当苟晓超再一次冲到三楼抱起两名孩子向楼下跑，刚跑到一楼地面的最后一级楼梯时，顶楼在摇晃中轰然坍塌，一瞬间，砖块、玻璃、混凝土劈头盖面地向他们袭来。一块重约一吨的砖块和混凝土砸向他的小腿，他本能地将两个孩子护在怀中，用自己瘦弱的身躯挡住从天而降的砖块。苟晓超的双腿被砸断，胸部、头部也受到了重伤，顿时扑倒在血泊之中。

飞速赶来的老师和群众在搬苟晓超身上的砖块和混凝土时，苟晓超断断续续地说："我……恐怕……不行了，快……快……救孩子！"他艰难地用手指向顶楼，"上……上面……还……还有……"下午4时20分，当苟晓超被转往县城医院抢救的途中，因伤势过重而永远地离开了亲人和他深爱着的学生。苟晓超用鲜血和生命谱写了一曲华章，印证了人民教师的光辉伟大。

三、菜刀劈路，挽救数十条生命

2008年5月12日下午，地震之后，与汶川直线距离仅10公里的龙门山镇顿成一片残垣败瓦，难以计数的灾民在一片废墟前呻吟挣扎。四川彭州白水河派出所的10名民警紧急动员，与治保巡逻队一起抢救出70多人，其中大部分身负重伤、血流不止。

山上药品匮乏，但此时下山的路早已被巨石和大树阻断了。如不迅速开辟出一条通道运送伤员下山接受治疗，他们的生命将受到威胁。情急之下，民警徐锐在街边一家倒掉的卤菜铺子边捡起一把菜刀，大踏步地往山下跑去。

此时已是晚上7点，地震之后的龙门山镇上空黑云密布，阴冷的山风夹着豆大的雨点，打在脸上透着冰冷无情。在白水河大桥前2公里处，徐锐和4名民警一起清理横在泥路中间的大树。在山上生长了数十年的树木十分粗大坚韧，徐锐第一刀重重地劈下去，结果用力太猛，菜刀深深陷进树身拔不出来。他拼命猛抽，菜刀弹起，正砸在胸口上，一股钻心的疼痛直向他袭来。他没有停止，第二刀用力稍轻，然后是第三刀、第四刀……粗大的树干从中断开了。正在这时，漆黑的雨夜里突然传来一声巨响，路边的山体再次崩塌，沙石树木冲到民

警们的脚边。情况十分危急，可急着开路的几位民警丝毫没有停下来。

渐渐地，泥路上的人越来越多，在镇上维持秩序的民警又被抽调了3人来到这里，帮忙抬树、抬石头。在地震中受轻伤的一位居民也从家中操起了菜刀，跟随民警们一阵狂舞乱劈，清理道路。不知奋战了多久，被阻断了半里多的道路障碍全被清理干净，与通往山下的道路连接在一起。第二天的上午，镇上的所有重伤员都沿着这条路被送下了山。望着伤员被顺利送下山的背影，徐锐和大家才意识到红肿的双手传来阵阵锥心的疼痛。

川陕革命根据地红军烈士陵园

概况

川陕革命根据地红军烈士陵园坐落在四川省通江县城东四十余公里的沙溪王坪村，原名王坪烈士墓。墓区安葬着3800多名红四方面军指战员的遗体，是全国最大的红军烈士墓，1934年秋建成。1985年四川省人民政府决定将其扩建为“红四方面军王坪烈士陵园”。1989年8月，经国务院批准为全国烈士纪念建筑重点保护单位，并进行维修。2002年报经国务院批准更名为“川陕革命根据地红军烈士陵园”。2009年5月，川陕革命根据地红军烈士陵园中宣部评为第四批全国爱国主义教育示范基地。

修缮后的陵园由“铁血丹心”广场、千秋大道、烈士陵园牌坊、陵园核心区、散葬墓区、纪念馆等部分组成，核心墓区及保护区扩至1800亩。从高处俯瞰，陵园气势磅礴、巍峨壮观，墓碑掩映在苍松翠柏之间，小径蜿蜒于绿树黄菊之中。

◎川陕革命根据地红军烈士陵园

青山忠骨

1934 年 3 月，红四方面军为粉碎四川军阀刘湘的“六路围攻”，采取“收紧阵地，诱敌深入”的作战方针，将红四方面军总医院迁至王坪村。总医院担负着医治红四方面军伤病员的繁重任务，然而成百上千的伤病员因缺医少药导致伤病恶化，最终医治无效光荣牺牲，他们就被安葬在医院附近。

同年 7 月，红四方面军为褒扬革命烈士，在王坪墓区修建了一座纪念碑，碑文由红四方面军总医院政治部主任张琴秋亲自设计并题写。纪念碑由碑帽、碑柱、碑座组成。碑帽呈塔形，碑座为须弥座，碑身为正方体，正面竖刻“红四方面军英勇烈士之墓”，两边刻有对联，上联是“为工农而牺牲”，下联为“是革命的先驱”，横批是“万世光荣”，左右两侧镌刻着手枪和步枪的浮雕图案，碑座正面镌刻着镰刀斧头和五星浮雕图案。墓碑前有石质供桌一张，左右两边各放置一门仿真石质迫击炮。

1935 年春，红军撤离通江后，当地的恶霸地主王笃之随国民党清乡委员会返回王坪村。他立刻进行报复，并强迫长工毁碑掘墓。当地群众冒着杀头的危险，在纪念碑还未被砸的当晚，把碑移至附近，埋在地下藏了起来。新中国成立后，政府恢复了碑及烈士墓，并建有一座集墓，将分散的数千具遗骨集中安葬于集墓，川陕革命根据地红军烈士陵园成为了全国最大的红军烈士陵园。

李白纪念馆

概况

李白纪念馆是为了纪念唐代伟大诗人李白而修建的名人博物馆，位于诗人故里江油市区风景秀丽的昌明河畔，占地 4 万余平方米，筹备于 1962 年，诗人故里 1982 年正式开馆。2009 年 5 月，李白纪念馆被中宣部评为第四批全国爱国主义教育示范基地。

馆内收藏有历代李白诗集版本、历代名家书画精品等文物资料 4000 余件，其中邓小平、江泽民、胡耀邦、宋庆龄等党和国家领导人的手迹以及仇英、祝枝山、张大千、傅抱石、潘天寿等名家巨擘的作品更为这里增添了光辉。艺术的园林建筑、丰富的收藏陈列、完善的接待服务，使得李白纪念馆在海内外享有较高的知名度和美誉度。

“酒中仙”

李白，字太白，号青莲居士，又号“谪仙人”，中国唐代伟大的浪

◎李白纪念馆

◎李白雕像

漫主义诗人。李白祖籍陇西成纪（现甘肃省秦安县北），是其父从中原被贬中亚西域的碎叶城（今吉尔吉斯斯坦的托克马克市）所生，4 岁时迁回四川绵州昌隆县（今四川省江油市）。历史上还有一种说法，即李白生于四川省江油市青莲乡。

李白被后人尊称为“诗仙”，与杜甫并称为“李杜”。诗的风格雄奇豪放，想象瑰丽丰富，语言流转自然，音韵和谐多变。李白是一位天才诗人，又是一位卓尔不群的酒仙，他一生中与“酒”相伴，创作了大量与“酒”有关的诗歌，他的诗与酒往往是一体的，始终洋溢着一种浓郁的酒香。

与朋友相聚，李白高唱“人生得意须尽欢，莫使金樽空对月。……烹羊宰牛且为乐，会须一饮三百杯。”独自一人，清冷孤寂时，李白低吟：“花间一壶酒，独酌无相亲，举杯邀明月，对影成三人。”面对美酒，他总能脱口说出美丽的词句：“兰陵美酒郁金香，玉碗盛来琥珀光。但使主人能醉客，不知何处是他乡？”

与李白同时代的大诗人杜甫也有一首吟咏酒中八仙的诗，其中写道：“李白斗酒诗百篇，长安市上酒家眠。天子呼来不上船，自称臣是酒中仙。”将李白才华横溢而又放荡不羁的形象跃然纸上。而李白自己在写给妻子许氏的《赠内》中，自称“三百六十日，日日醉如泥，虽为李白妇，何异太常妻？”虽是戏谑之作，但他对酒的钟爱也可见一斑。

然而沉醉于释然之间，是否是李白的本意呢？他也曾想：“长风破浪会有时，直挂云帆济沧海”，但现实却令他十分失望，大有怀才不遇的感伤。李白身上有着一股中原文人不曾具有的狂傲，可在官场却难以容下他的个性，也难以实现他的抱负。

李白骨子里的狂气因融入儒家、道家及一坛坛美酒而变得越发自由豁达起来，一首首浑然天成的诗作成了他的精神寄托，“……古来圣贤皆寂寞，唯有饮者留其名。……五花马，千金裘，呼儿将出换美酒，与尔同销万古愁。”可见，失意的李白沉醉于自己构建的梦幻的、精神的王国中。

李白为诗而狂，为酒而醉，一生用酒当墨，用心做笔，写下了许多令人心驰神往的诗句，在诗坛的夜空里留下一颗颗璀璨耀眼的星星。李白似乎在半醉半醒之间，度过他的一生，虽说是笑傲不羁，但总给人留下“举杯消愁愁更愁”的伤感。李白的境界，是后人可望而不可及的，吸引后世的人不断地景仰和神往。

彝海结盟纪念地

概况

彝海，原名“鱼海子”，彝语叫“乌勒苏泊”。彝海是美丽的高山淡水湖，犹如一颗蓝宝石镶嵌在冕宁县城以北40公里处海拔2000多米的羊坪山上。1935年5月22日，红军将领刘伯承和彝族首领小叶丹在山清水秀的彝海边举行了举世闻名的彝海结盟仪式。彝海结盟是工农红军长征途中的重要事件，是凉山人民对中国革命取得胜利重大贡献的具体体现。2009年5月，彝海结盟纪念地被中宣部评为第四批全国爱国主义教育基地。

◎彝海结盟雕像

彝海结盟

红军渡过金沙江后，进入四

川会理。中央红军在会理的郊外召开了政治局扩大会议。会上，毛泽东提议北上，与红四方面军会合，建立新的革命根据地。

在中央红军大举北上之前，党中央决定组织一支先遣队，由刘伯承任先遣队司令员，聂荣臻担任先遣队政治委员。先遣队北上探路的第一道难关就是大渡河。从泸沽到大渡河，有两条路可选择：一条是大路——小相岭，途经越西到大树堡，再到大渡河对岸的富林。另一条是小路，途径冕宁，穿过彝族区到安顺场。

先遣队首先派了一个侦察组对两条路进行实地考察。刘伯承和聂荣臻根据所获得的情况，猜测敌人会认为红军将选择走大路到富林。为避开敌人，他们决定选择走小路。同时，左权、刘亚楼率领的第二先遣队向大树堡方向进发，造成红军走大路的假象，以迷惑敌人。

5 月 20 日的晚上，刘伯承、聂荣臻率队到达冕宁。22 日，先遣队到达俄瓦垭口，却遇到了阻碍。彝族群众举着大刀、石块、土枪、长矛，聚集在山林中，阻止红军前行。在这种情况下，萧华带领的工作团通过翻译，向彝族群众说明了红军的来意，并表示与他们诚心合作，共同抵制国民党军阀的剥削。然而，彝族群众并不领情，执意阻拦红军的去路。红军严格执行党的民族纪律，绝不向彝族同胞动用武力。

僵持之下，彝族的首领小叶丹得知红军是解放人民的队伍，与国民党反动派有着天壤之别。于是，他派人前来察看情况。来人表示，如果红军真心想与彝族群众合作，红军司令刘伯承就应该与小叶丹结为兄弟，以示诚恳。

当刘伯承与聂荣臻得知结盟的消息后，大为惊喜。刘伯承高兴地说："我们与彝族群众本就是兄弟，结盟以后更是亲如一家。身为共产党人应该起到模范带头作用，为民族团结做出贡献。"说完，刘伯承策马扬鞭来到袁居海子边，会见小叶丹。

萧华向小叶丹介绍了刘伯承的身份，小叶丹恭敬地下跪行礼，刘伯承赶忙将其扶起，两人亲切交谈。刘伯承说："红军到达彝族区，

◎彝海

只是借道北上，目的是打败国民党反动派。革命成功以后，红军一定会为彝族人民提供帮助，让你们过上好日子。现在，我愿意与你结为兄弟。”见到刘伯承如此坦诚，小叶丹吩咐道：“快去拿一只公鸡来，我要与刘伯承司令歃血为盟。”

结盟仪式的地点选在海拔 2000 多米的海子边。这里又被称作“彝海”，是远近闻名的高山淡水湖。按照彝族的风俗习惯，结盟要对天盟誓，饮鸡血酒。因为没有带酒，即从海子里舀清水代替。一位彝民从彝海里舀出湖水，倒入两个空碗里，然后，用刀尖划破鸡嘴，将鸡血分别滴进两碗水中。

结盟仪式正式开始。刘伯承和小叶丹跪在地上，共同面对清澈的湖水。两人分别把碗举过头顶，起誓发愿，说完将碗里的湖水一饮而尽。结盟仪式结束后，刘伯承受到了小叶丹的盛情款待。

第二天一早，红军即将出发。临行前，刘伯承嘱托小叶丹：“接下来，红军的大部队即将通过彝区，希望你们让他们安全通过。”随后，刘伯承送给小叶丹十几支步枪。小叶丹则把自己骑的黑骡子当做礼物送给了刘伯承。

红军授予小叶丹“中国夷民红军沽鸡支队”的旗帜，小叶丹派向导为红军带路。红军在他派出的向导带领下，顺利走出凉山彝族地区，直达安顺场，为红军大部队顺利过境创造了条件。

“彝海结盟”成为长征中民族团结的典型事例，被载入史册，成为红军长征途中的一段佳话。

云南省

『彩云之南』这片以美丽、丰饶、神奇而著称的土地，有着异彩纷呈的民族风情、丰富多彩的物产矿藏、悠久的历史文化、众多的名胜古迹，还有那具有独特魅力的自然风光，苍山之雪、洱海之月、香格里拉的世外桃源……无一不让人流连忘返、沉醉其间。

同时，地处祖国西南边疆的云南，也留下了光辉的革命史迹。云南是红军长征经过的重要省份之一。金沙水暖，在这里留下红军的足迹；『鸡鸣三省』，在这里写下新的革命篇章……

“一二·一”四烈士墓及“一二·一”纪念馆

概况

昆明“一二·一”四烈士墓及“一二·一”纪念馆，坐落在云南师范大学校园（即西南联合大学原址）内。1997 年 7 月，“一二·一”四烈士墓及“一二·一”纪念馆被中宣部评为第一批全国爱国主义教育基地。

烈士陵园安葬着 1945 年在“一二·一”惨案牺牲的四位烈士，他们是：于再、潘琰、李鲁连和张华昌。墓道前方矗立着两根石柱，顶端是鲜红的火炬；石柱基座上，刻有闻一多先生撰写的《一二·一运

◎西南联合大学旧址

动始末记》，墓后石屏为自由神浮雕。浮雕下，刻有感情真挚的悼诗：“死者，你们什么时候回来？我们从来没有离开这里。死者，你们怎么走不出来？我们在这里，你们不要悲哀。我们在这里，你们抬起头来。哪一个爱正义者的心上没有我们？哪一个爱自由者的脑里没有我们？哪一个爱光明者的眼前看不见我们？”整个墓地庄严肃穆，每年都有成千上万的群众来这里瞻仰、凭吊，广大青少年常到这里扫墓、悼念。

纪念馆内设有“一二·一”运动展室和西南联大校史展室。“一二·一”运动展室陈列着有关“一二·一”运动的文字资料、图片、图表和实物，以及毛泽东、周恩来等老一辈无产阶级革命家的题词；展览共分“运动的历史背景”、“一二·一运动”和“运动的深远影响”三个部分。此外，还有1946年被国民党特务暗杀的李公朴、闻一多两先生的衣冠冢及生平事迹展览。

◎“一二·一”纪念馆内景

“一二·一”运动

1945年8月15日，日本帝国主义无条件投降，中国人民举国欢腾，希望实现和平民主。但很快，人民又面临着国民党蒋介石发动全国内战的严重局面，美国暗中支持的蒋介石，其“剿共”的野心不可抑制。10月13日，国民党云南省政府突然改组，驻军发生了冲突，使得无辜的市民饱受牵连。昆明市民喘息未定，接着蒋介石在全国各地挑起内战。面对再一次的国家危难，昆明愤怒了！

1945年11月25日晚上，国立西南联合大学、国立云南大学、私立中法大学和省立英语专修学校等几个大学学生自治会，在西南联大新校舍草坪上，召开了反对内战呼吁和平的“时事晚会”，民主人士吴晗、周新民、闻一多参加了讨论会，钱端升、伍启元、费孝通、潘大逵几位教授就和平民主、联合政府等问题作了讲演，当天到会的人员有五六千人。

反动派们感到了恐慌。在教授们的讲演声中，会场四周企图威胁到会群众和扰乱会场秩序的机关枪、冲锋枪、小钢炮一齐响了。一位教授正在讲演时，会场外响起了冲锋枪声，子弹从人们头上掠过，会场引起一阵混乱，但很快人们就平静下来。枪声越来越密，而讲演者们毫无畏色，会场气氛十分热烈，每个人的爱国之心全被点燃了。

枪声没有吓倒爱国志士，可没想到的是，威胁之后紧接着是诬陷。第二天清晨，国民党《中央日报》竟然发出一条新闻：“西郊匪警黑夜枪声”，污蔑开会的教授和学生是“匪警”。

大家群情激愤，几个大学的教授、学生决定罢课抗议。各大学联合组织“罢课委员会”，发表《罢课宣言》和《致杜鲁门书》、《致美国人民书》，呼吁美国人民与中国人民一起制止蒋介石发动全面内战，“阻止美国政府不合理的对华政策”，要求杜鲁门“停止以武器及物资供给中国政府进行内战”。

12 月 1 日，国民党反动派制造了震惊全国的“一二·一惨案”。上午 9 点，大批的特务和身着制服的军人，手执棍子、石头、手枪等，冲进西南联大和云南大学等学校，一通乱打乱砸，师生们在棍棒下不断倒下。在西南联大新校舍门前，暴徒们突然扔出了一颗手榴弹，南菁中学的教师于再当场被炸成重伤，当天晚上在云南大学医院逝世。同时在联大师范学院，正当铁棍、石头飞舞之时，三颗手榴弹飞向了学生，联大学生李鲁连，被炸得满身鲜血，奄奄一息。同学们赶紧抬着他送往医院，正走到半路，又被特务们拦住，一顿毒打之后，李鲁连气绝身亡。联大的女学生潘琰看到同学被炸，冲上去抢救，自己却被第二颗手榴弹炸成重伤，丧心病狂的特务们追过来用尖铁棍朝她的身上乱刺致死。在牺牲的四位烈士中，张华昌更小，他是昆华工校的学生，只有 16 岁。在这场运动中，各校师生共被打伤数十人。直到下午，暴徒认为“任务完成了”，就高呼着口号扬长而去。

惨案发生后，昆明 3 万多师生立即掀起更大规模的反内战、争民主运动。在继续坚持罢课的同时，每天出动 100 多个宣传队到街头、工厂和郊区农村宣传。从 12 月 2 日起，昆明为四烈士举行公祭。一个半月中，参加公祭的各界人士有 15 万人，近 700 个团体。全国各地学生纷纷举行集会游行，声援昆明学生的正义斗争。

昆明学生的斗争在全国激起强烈的反响。延安各界举行群众大会，周恩来在会上代表中共中央赞扬“青年是争取和平民主的先锋队”，指出“我们正处在新的‘一二·九’时期，昆明惨案就是新的‘一二·九’”。中国民主同盟、三民主义同志联合会等民主党派、陪都各界反内战联合会及各界知名人士，也先后发出声援函电。重庆、成都、上海、遵义等城市都兴起群众性的声援活动。

烈士的血没有白流，“一二·一”运动揭露了国民党反动派发动内战的阴谋，是国民党统治区当时正在发展的民主运动的标志。对于“一二·一”运动，后人给予了高度的赞誉：1935 年的“一二·九”和

1945年“一二·一”运动，是“五四”传统精神的发扬，是中国人民反抗帝国主义和国内反动统治者的两次重大战斗。

扎西会议纪念馆

概况

扎西会议纪念馆位于云贵川三省结合部、素有“鸡鸣三省”之称的云南东北威信县城扎西镇东北角，是为纪念1935年2月中共中央政治局在扎西镇境内召开的一系列会议而建立的。2001年6月，扎西会议会址被中宣部评为第二批全国爱国主义教育示范基地。

遵义会议后，1935年2月4日至14日，中央红军在向云南省昭通地区威信县集结的过程中，中共中央政治局先后在威信县水田寨花房子、大河滩、扎西镇等连续召开会议，史称“扎西会议”。会议的主要内容为：一、讨论了中央红军的进军方向和部队缩编问题，作出了“回兵黔北”和“缩编”的决策。二、讨论了中央政治局常委的分工。三、讨论通过了由张闻天起草的《遵义会议决议》，即《中共中央关于反对敌人五次“围剿”的总结决议》。四、讨论中央和全国其他苏区

◎扎西会议旧址的红军烈士碑

与红军的战略方针及组织问题。五、作出成立中共川南特委和组建中国工农红军川南游击纵队的决定。扎西会议是长征中一次十分重要的会议，实际上是遵义会议的继续和最后完成。中央政治局常委的分工和遵义会议决议的正式成文，都是这次会议最后完成的。这次会议为实现长征中的战略转变，进行了切实的指导和部署。

扎西会议纪念馆于 1977 年 12 月落成并正式对外开放，含扎西会议会址主体陈列和扎西陈列馆辅助陈列两个部分。纪念馆藏有红军留下的枪支弹药、医疗器械、文献资料、生活用品等珍贵文物 300 余件，较全面地反映和介绍了红军长征集结扎西、扎西会议、红军川滇黔边区游击队和云南游击支队的革命斗争历史与活动情况。

红军整编

“二月里来到扎西，部队改编好整齐，发展川南游击队，扩大红军三千几……”这是中央红军长征到达陕北后，由陆定一、贾拓夫编写的《长征歌》中的一段。透过歌词，可见当时中央红军在扎西的整编对长征的意义是非常重大的。

1935 年 2 月 10 日，风雪弥漫，天气异常寒冷。这一天，张闻天、毛泽东、周恩来等人都很忙碌，有两件重要的事情等待他们落实：传达遵义会议精神、精简整编队伍。

上午 9 点，张闻天在扎西的江西会馆召开营以上干部会，传达了根据《遵义会议决议》缩写成的《中央政治局扩大会议总结粉碎五次“围剿”战争中经验教训大纲》，并讲解了党在目前的任务。毛泽东就近在三军团召开连以上干部会，传达了遵义会议精神。

各部队在传达遵义会议精神的同时，根据中央的要求进行了精简整编。红军留下 400 多人，与叙永特区游击队合编，成立了川南特委、川南游击纵队。当天上午，周恩来与选调到游击队的 100 多名干部开会并宣布命令。

整编后，中央红军大幅度精简机构，由 30 个团缩编为 17 个团。对笨重的物资都作了精简处理，以保证队伍轻装前进、便于作战。部队中的 X 光机、造币机、造弹机，以及没有炮弹的大炮等都留在地方保存或进行了埋藏处理。

随着敌情的变化，中央和军委认为在扎西地区伏击滇军并不适宜，相继下达电令，部署调动部队，迅速脱离川军和滇军侧击，出其不意地回师直取贵州北部，决定争取机会再渡赤水，准备与薛岳兵团和贵州军阀作战。

中央红军分三路纵队撤出扎西地区，于 18 至 21 日分别从太平渡、二郎滩等渡口第二次渡过赤水河，向贵州省北部北桐梓前进，发起桐遵战役。此后的战斗中，红一、红三军团分别与吴奇伟、王家烈部展开激战，共歼灭和击溃两个师、8 个团，缴获 2000 多件枪支。这次战役红军士气大增，使各路军阀部队不敢再对红军轻举妄动。

彝良罗炳辉陈列馆

概况

彝良罗炳辉陈列馆，又名罗炳辉将军纪念馆，坐落在云南省彝良县城洛泽河畔、风光秀丽的将军山上，1991 年建成。馆舍共三层，建筑面积 500 平方米。2005 年 11 月，彝良罗炳辉陈列馆被中宣部评为第三批全国爱国主义教育示范基地。

展室分为四个主题：矢志从戎争自由、赴汤蹈火建奇功、千里江淮扫敌顽、血洒疆场炳青史。展室文字资料 126 幅、图片资料 205 幅，汇录罗炳辉将军生平事迹的书籍 10 余种版本，革命文物 33 件，罗炳辉半身铜像和骑着战马指挥战斗的铜像各一尊。馆内利用了高科技的

◎彝良罗炳辉纪念馆

电光设备和音响设备，与图片、沙盘模型相衔接，使参观者有身临其境之感。

馆内还设立了观众电脑点播屏和影视厅，在影视厅里可观看由著名表演艺术家杨在葆饰罗炳辉的电影《从奴隶到将军》、电视专题片《乌蒙雄魂　一代名将——罗炳辉》等影视片。整个展馆内容丰富，资料翔实，陈列完整。

从奴隶到将军

上海电影制片厂摄制的影片《从奴隶到将军》中的主人公罗霄将军，其原型就是中央军委确立的36位军事家之一——罗炳辉。毛泽东曾称他是一心追求真理的起义将军；周恩来曾夸他是一个优秀的军事指挥员。著名的美国记者尼姆·韦尔斯也赞他是“神行太保”、“传奇式英雄”、“智勇兼全”的人物。红军长征时，罗炳辉任红军第九军团军团长，他率部转战到哪里，其军威就震慑到哪里。罗炳辉的名字一时成为了战斗精神的化身。

罗炳辉原名罗德富，1897年生于云南省彝良山寨的一个汉族农民家庭里，父亲靠种少量的薄田养活着一家人。1914年，罗炳辉不堪忍受土豪恶霸欺凌，离开年轻的妻子和幼小的孩子，前往昆明加

◎罗炳辉雕像

入滇军。

罗炳辉曾参加过讨袁护国战争，因作战勇敢，屡建战功，从士兵逐级晋升至营长。1926 年参加了北伐战争，任国民革命军第 3 军营长，在攻克南昌的牛行车站等战斗中率部冲锋陷阵，战功卓著。但因对旧军队中的腐败现象不满，又被怀疑是共产党员，罗炳辉于 1928 年冬被遣离部队。

第二年春天，罗炳辉任江西省吉安县靖卫大队大队长，7 月秘密加入中国共产党，同年 11 月率部起义，参加中国工农红军。期间，罗炳辉发挥出优秀的军事才干，历任团长、纵队长、军长等职，在中央苏区历次反“围剿”和巩固发展苏区的作战中，采取灵活机动的战略战术，指挥所部参加了龙冈、中村、莲塘、良村、南雄水口、建（宁）黎（川）泰（宁）、黄陂、草台岗等战役战斗，接连取得胜利。在完成艰险任务中，他表现得智勇兼备，因为屡立战功，曾获中革军委颁发的二等红星奖章。

第五次反“围剿”开始时，罗炳辉任新组成的红 9 军团军团长，率领部队参加了广昌保卫战，并护送北上抗日先遣队渡过闽江。1934 年 10 月，他率部参加长征，途中屡次担任重要而艰巨的任务，掩护中

共中央、中革军委和中央红军主力北上。红 9 军团也因此被誉为长征中的“战略轻骑”。

1939 年 1 月，罗炳辉任新四军第 1 支队副司令员。5 月，任第 5 支队司令员，率部开辟皖东抗日根据地，曾指挥部队三打来安县城，沉重打击了嚣张的日伪军。1940 年，罗炳辉任新四军第 2 师副师长、师长兼淮南军区司令员等职，率部转战于淮河以南、长江以北的津浦铁路两侧，积极开展抗日游击战争，为巩固和扩大淮南抗日根据地作出了重要贡献。

由于积劳成疾，罗炳辉身患重病。1945 年 8 月初，带病的罗炳辉仍亲临前线指挥所部参加大反攻，解放了苏皖边界的六合、定远、嘉山、天长等城镇。9 月，任新四军第 2 纵队司令员，率部赶赴鲁南，参加界河伏击战，攻克韩庄，粉碎了国民党军从徐州沿津浦铁路北上、进犯解放区的企图。

1946 年 4 月，罗炳辉任新四军第二副军长兼山东军区副司令员。6 月，在国民党军发动全面内战前夕，到枣庄前线指挥作战。6 月 21 日，在返回临沂途经兰陵时罗炳辉突然病情恶化，不幸逝世。

罗炳辉将军用毕生的精力实现了自己的诺言：“人生最快慰的是真正勇敢地牺牲个人的一切利益，最热诚努力地为民族独立、自由、解放而斗争，尤其要为劳动大众的解放和利益，以真理、正义、公道为人类的幸福而斗争。”

滇西抗战纪念馆（腾冲国殇墓园）

概况

滇西抗战纪念馆位于云南省腾冲县城西南面的来凤山下，是腾冲

◎滇西抗战纪念馆内忠烈祠

◎国殇墓园

人民为纪念中国远征军第二十集团军抗日阵亡将士及死难民众而修建的烈士陵园，因此这座纪念馆又名国殇墓园。它于1945年建成，主要由大门、甬道、忠烈祠、烈士墓、陈列馆、纪念塔等组成，是抗日战争以后建立的最早的烈士陵园。2005年11月，滇西抗战纪念馆被中宣部评为第三批全国爱国主义教育示范基地。

馆内的忠烈祠主要是中国远征军第二十集团军烈士的牌位以及各领导人为烈士题写的挽词。祠堂后面是烈士们安息的陵园坡，墓碑自上而下整齐地排列着，每个碑上都刻有姓名或挽词。相对于令人尊敬的烈士墓，还有一处令人唾弃的坟墓——“倭冢”，它是埋葬日军尸体的坟墓，它的修建让人们时刻牢记日本帝国主义在腾冲犯下的滔天罪行，警醒人们勿忘国耻。

陈列馆经重新修建，分为五部分进行展览，分别是“山河破碎”、“悲壮远征”、“沦陷岁月”、“剑扫烽烟”、“日月重光”。七个展厅通过大量照片、纪录片、史实资料等与实物一起，采用声、光、影等现

代化技术，真实再现了滇西抗战的历史。

血战腾冲

在滇西抗战中，腾冲会战是一场极为惨烈的战役。腾冲是中国到缅甸通道上的要塞，曾被明代旅行家徐霞客称为“极边第一城”。控制了腾冲就等于控制了两条运输大动脉，也就意味着控制了滇西全局。

1942 年 5 月，日军从缅甸北部进犯中国云南，占领了怒江以西大片中国领土，并派出第 148 联队，共 3000 多人驻守在腾冲城。在腾冲，日本侵略军无恶不作，犯下滔天罪行。担负滇西反攻作战任务的是中国远征军的四个集团军，约 15 万人。

远征军第二十集团军的到来为滇西人民带来了光明，他们开始了腾冲反攻战。经历了强渡怒江、抢占高黎贡山及桥头、江宜等军事据点的激战，远征军终于将日军所守的腾冲城包围。腾冲城本身就易守难攻，再加之日军自占领腾冲城后，将腾冲城的防御设施加固并建立许多堡垒。攻下腾冲城，对于远征军来说是一场硬战。但他们坚持“攻城战役，尺寸必争，处处激战，我敌肉搏，山川震眩，声动

◎腾冲国殇墓园纪念碑

江河，势如雷电，尸填街巷，血满城垣”的誓言，与敌军展开殊死搏斗。战至9月2日，中国远征军已占领半个腾冲城，但躲藏在断垣残壁背后的日军残兵，仍然用冷枪冷弹继续给中国远征军造成很大的伤亡。据一位老战士回忆，“日本鬼子都很凶残，哪怕只剩一个人，从墙旮旯里钻出来，他还会跟你打。”面对穷凶极恶的日寇，英勇顽强的中国远征军官兵毫不畏惧，继续攻击前进。一街一屋地争夺，一砖一瓦地肃敌，最后将残存的日军压缩在李家巷一处窄小的阵地上。

9月13日，中国远征军预备2师第5团向日军发起最后攻击，团长李颐亲自带领士兵冲锋，不幸中弹牺牲，年仅36岁。9月14日10时，随着最后几声枪响在李家巷的停息，中国远征军胜利占领了腾冲全城。残余的零星敌人逃进山里，很快被当地群众俘获。腾冲战役历时43天，日军第148联队全部被歼，无一漏网。同时，中国军民也付出了巨大的牺牲，中国远征军第二十集团军共阵亡官兵8671人，其中军官1234人，10余名美军顾问团的军人也献出了宝贵的生命。

至此，腾冲城被日军占领两年零四个多月的屈辱日子终于结束了。沦陷了两年多的腾冲城终于重建光明，这也告慰了为腾冲城牺牲的无数远征军将士们。另外，参加腾冲会战的还有以陈纳德将军为首的美国志愿航空队“飞虎队”（后为美国空军第14航空队），他们不仅要

◎“飞虎队”战斗机

掩护远征军进行作战还承担起空运任务，将大批弹药、粮食等军需品运抵腾冲，支援地面作战，为抗战也做出了不朽的功勋。人们为表达对陈纳德的感激与敬爱之情，为他雕刻了一尊塑像，摆放在了滇西抗战纪念馆中。

云南陆军讲武堂旧址

概况

云南陆军讲武堂又称昆明讲武堂，旧址位于昆明市翠湖西承华圃，是中国近代一所著名的军事院校，原是清朝为编练新式陆军，加强边防而设的一所军事学校。建立时与天津讲武堂和奉天讲武堂并称三大讲武堂，后与黄埔军校、保定陆军军官学校齐名。

◎云南陆军讲武学校旧址

云南陆军讲武堂创办于1909年，至1928年共办19期，毕业学员达4000余人。每期一年半至两年，分步、骑、炮、工四个兵种。第15期还招收归国华侨和朝鲜、越南等国留学生。教官曾多数留学日本士官学校，是中国最早的培养新式陆军军官学校之一。

现今保存的讲武堂主体建筑为走马转角楼式的二层砖木结构，东、南、西、北四楼对称衔接，呈方形四合院，规模宏大。云南陆军讲武堂旧址是目前国内保留最完整、历史最悠久的著名军事院校，也是中国现今最大的四合院。这里有许多珍贵藏品，如叶剑英元帅的毕业证、《讲武堂步科笔记》和护国军刀等。其中护国军刀为护国战争中护国军高级将领随身佩带的指挥刀，刀具全长94.5厘米、厚2.5厘米。

云南陆军讲武堂培养了一大批杰出的军事家、革命家。在历届毕业生中，有些后来成为杰出的无产阶级军事家，如第3期丙班的朱德和第15期的叶剑英、周保中等一大批军事人才。朱德称云南陆军讲武堂是“革命熔炉”。

2005年11月，云南陆军讲武堂旧址被列为第三批全国爱国主义教育示范基地。

昆明市聂耳纪念馆

概况

聂耳纪念馆主体群位于云南省玉溪市聂耳音乐广场一侧，共两层，建筑外形的设计构思来源于五线谱中的高音谱号和小提琴的变形，立面来源于律动的五线谱，体现了玉溪是人民音乐家聂耳故乡的内涵。纪念馆设有序厅和正馆两部分。序厅中，聂耳的塑像庄严肃穆，朱德

◎聂耳纪念馆

题写的“人民音乐家聂耳”金色大字闪闪发光，塑像底座的弧形线上镶着23颗五角星，象征聂耳23年伟大而短暂的一生。2009年5月，昆明市聂耳纪念馆被中宣部评为第四批全国爱国主义教育基地。

聂耳纪念馆正厅的内容十分丰富，复制的聂耳故居和聂耳父亲曾经营的成春堂被陈列其中。旁边按照聂耳的战斗历程，分“成长的摇篮”、“时代的熔炉”、“人生的锤炼”、“战斗的年华”、“永生的海燕”和“永久的纪念”等6个部分，详细介绍了聂耳伟大、光辉、灿烂的一生。基本陈列内容则分为“匆匆却又永恒”、“永久的纪念”、“国歌的诞生”等，以最全面、最翔实的历史文献资料和最珍贵的文物，生动再现人民音乐家聂耳光辉的一生。

◎人民音乐家——聶耳雕像

聂耳纪念馆的展出突破传统陈列

模式，利用现代、新颖的陈列展览方式，以复原场景、图片、文字、多媒体技术的立体展示结构，利用微缩景观和大型半景画，与声、光、电技术相结合，创造出充满历史氛围、艺术品位和时代气息的展览。此外，纪念馆还首次展出了涉及聂耳的许多宝贵历史资料，其中图书就有 100 多种，这些珍贵资料记录、宣传了聂耳的事迹和光辉形象及伟大精神。

天才音乐家

聂耳，一个家喻户晓的名字。虽然他在这个世界上仅仅生活了 23 年，但他的精神流传至今而不灭。他创作的《义勇军进行曲》成为人民的心声，传遍中国，传遍世界，作为代表一个国家的民族气质和精神面貌的国歌永远在人们的心中激荡。

聂耳祖籍云南云溪市，1912 年 2 月出生于昆明，家中经营着一家药店。在聂耳 4 岁时，父亲就病逝了，药店只能由母亲支撑，殷实的

◎聂耳故居

聂家也由此日渐中落。聂耳是家里最小的儿子，在幼年的记忆中，母亲常坐在灯下，拨完算盘，对着账本轻声叹气。懂事的聂耳下定决心，一定让母亲过上好日子。长大后的聂耳曾在上海谋生，在给母亲的信中，他多次提到了“汇钱”之类的词。

聂耳的母亲非常的灵秀，而且能唱各种民歌，包括在昆明等地民间广泛流传的洞经调、花灯调等等。动听的歌声与歌曲里的故事让小聂耳着迷，这也许是他最早的音乐启蒙。母亲的聪慧遗传给了儿子，聂耳从小乖巧伶俐，一支简陋的竹笛能吹得五彩缤纷，常得到亲友的夸奖。

20 世纪 30 年代初，聂耳来到了上海。在遭受失业、举目无亲的情况下，1931 年 4 月，聂耳考入明月歌剧社，正式开始了他的艺术生涯。

1932 年，上海“一·二八”抗战爆发后，全国人民抗日救亡风起云涌。此时，聂耳结识了共产党员、戏剧家田汉。聂耳赴北平参加革命音乐活动，不久回到上海发起组织中国新兴音乐研究会。1933 年初，聂耳由田汉介绍加入中国共产党。从此，聂耳不仅获得了新的政治生命，艺术才华也得到了进一步的发挥，成为中国新音乐的开路先锋和反法西斯的勇士。在此后的两年中，聂耳为歌剧、话剧和电影谱写了《新女性》、《开路先锋》、《大路歌》、《前进歌》、《毕业歌》、《铁蹄下的歌女》等主题歌和插曲 30 多首，在全国广为传唱，对激发民众的抗日救亡运动起了积极作用。他所编写的《金蛇狂舞》、《翠湖春晓》、《山国情侣》等乐曲，深受人们喜爱。

1935 年 1 月，上海电通影业公司拍摄抗日影片《风云儿女》，田汉为影片写了主题歌词《义勇军进行曲》，聂耳承担了为之谱曲的任务。他于 3 月中旬开始创作，几经修改，4 月下旬将定稿交给电通公司。《义勇军进行曲》就这样诞生了。5 月 9 日，百代公司为《义勇军进行曲》灌制唱片，24 日，上海金城大戏院首映《风云儿女》。随着唱片和电影的宣传，上海各个角落都响起了《义勇军进行曲》的歌声。这首歌以其高昂激越、铿锵有力的旋律，鼓舞人心的歌词，反映了在民族危亡时，中华民族万众一心、团结御侮、奋勇抗争、一往无前的伟大的爱国主义精神，激发了中国人民与日本侵略者血战到底的英勇气概。它一诞生，迅即成为中华民族争取解放的号角。在抗日战争的烽火中，它传遍大江南北、长城内外，成为中国各族人民反抗日本侵略者的高昂的战歌，鼓舞了无数中华儿女用自己的血肉，筑成万众一心、团结御侮的新的长城。无数中华民族的优秀儿女，高唱着、呼喊着“把我们的血肉，筑成我们新的长城”，冒着日本侵略者的炮火，不惧流血牺牲，英勇冲锋陷阵，为挽救祖国和民族的危亡，与日本侵略者血战到底！

聂耳是一个天才的音乐家，又是一个革命者。日本侵华和国内抗日群众运动的风雨，在他心中激起澎湃的心潮，音乐与革命从此结合到一起。由于聂耳所谱写的大量歌曲反映了人民的心声，成为鼓舞人

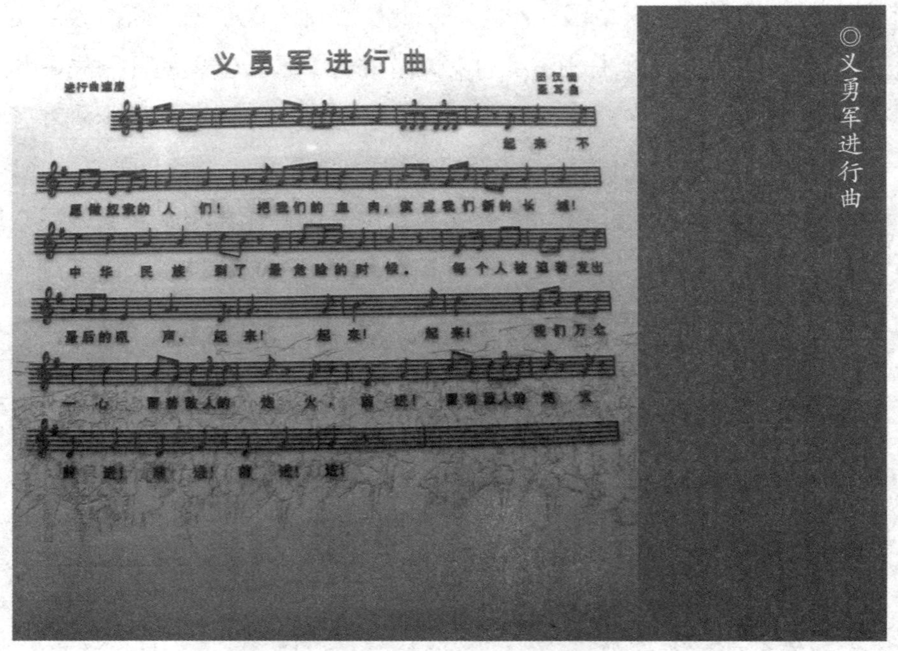

◎义勇军进行曲

◎人民音乐家聶耳之墓

民、教育人民、打击敌人的有力武器和战斗号角，因而引起了反动当局对他的仇恨而要逮捕聂耳。聂耳按照党组织的决定离开上海，取道日本赴苏联。1935 年 7 月 17 日，聂耳在日本神奈川县藤泽市鹄沼海滨游泳时，不幸溺水身亡，年仅 23 岁。

《义勇军进行曲》这支歌作为民族革命的号角响彻中华大地，还享誉全球。在反法西斯战争中，英、美、印等许多国家电台经常播放此歌。战争结束前夕，美国国务院还批准将其列入《盟军胜利凯旋之歌》中。

1949 年 9 月，中国人民政治协商会议第一届全体会议确定《义勇军进行曲》为代国歌。1982 年 12 月，中华人民共和国第五届全国人民代表大会第五次全体会议确定《义勇军进行曲》为中华人民共和国国歌。在 1949 年的开国大典和此后每年的国庆节，聂耳谱出的乐章都雄壮地奏响，这足以告慰于异国早逝的英灵。

红军长征过丽江纪念馆

概况

红军长征过丽江纪念馆位于云南省丽江市城西 52 公里的石鼓镇。2007 年，在中宣部的支持下，纪念馆在原有基础上进行了改、扩建，占地面积达 2400 多平方米，硬件设施更加完善，历史资料更加充分，展出效果更加明显。新建项目包括一个红军长征过丽江纪念馆、一个红军亭、一个红军长廊、一个红军渡江纪念碑、一组标志性纪念景观雕塑和一座标志门，同时编辑出版了图书、画册、光盘和举办展览等。2009 年 5 月，红军长征过丽江纪念馆被中宣部评为第四批全国爱国主义教育示范基地。

从青藏高原奔流而下的长江在丽江的石鼓镇突然调头北转，形成一道“V”形湾，这就是著名的长江第一湾。1936 年 4 月 25 日，由贺龙、萧克、关向应、任弼时、王震等率领的红二、六军团，为实现北上抗日的伟大战略，在石鼓、大同、新华、巨甸一线渡江北上，在当地各族人民群众的大力支持下抢渡天险，彻底摆脱了国民党 30 万大军

◎红军长征丽江纪念馆

的围追堵截，顺利北上与中央红军胜利会师，在丽江的革命历史上写下了光辉的一页。

1977 年 8 月，云南省政府就在石鼓镇建立了“红军长征渡江纪念碑”和“红军长征文物陈列室”，以供人们参观凭吊和缅怀革命先辈。此后不久，这里成为云南省爱国主义教育基地。1984 年 10 月，当年指挥渡江的红军将领萧克将军重游故地，为“红军长征过丽江纪念馆”亲笔题字。

“红旗漫卷金沙暖”

“青峰壁立水云间，南下金江直北还。神兵天降曾飞渡，万里长江第一湾。”这首七绝很容易让人们追思起红军长征的漫漫足迹。70 多年前，红军飞渡石鼓的脚步声永远地留在了岸边，也留在了人们的心中。

1935 年 10 月，中央红军到达陕甘根据地，标志着中央红军的长征胜利结束。此时，红二、六军团（后称红二方面军）在总指挥贺龙、政委任弼时的率领下，转战在滇黔途中。1936 年 3 月 30 日，按照红军总部朱德总司令“北渡金沙江，北上抗日”的电令指示，红二、六军团从盘县、云南宣威地区出发，开始了以抢渡金沙江为目标的战略转移，揭开了红军第二阶段长征的序幕。

1936 年 4 月 25 日，由贺龙、任弼时等率领的红二、红六军团，在素有“万里长江第一湾”之称的丽江石鼓镇抢渡金沙江。为了顺利渡过金沙江，红军到丽江后立即广泛接触群众，宣传党的抗日反蒋、救国救民宗旨，争取各族人民的支持。据当地的老人回忆：“红军进入石鼓后，我们以为红军都像国民党宣传的那样凶神恶煞，吓得躲了起来。可后来发现红军住下后就忙着打扫卫生，给各家挑水劈柴。我们都感到，是好人来了！果真，红军把打土豪得来的东西分给老乡，并宣传红军一定会让劳苦大众过上好日子！”可见，当地人民都非常拥戴红军。

◎红军渡江雕像

为阻止红军过江，敌人用石头把船沉到江底。红四师到达石鼓后，沿江的大小船只多数已被当地反动官员勒令隐藏。红军仅得到了一条小船，在当地群众的帮助下，又找到了五名船工。红军连夜向北推进，分别在格子、士可、羊犁石、余化达、苏浦湾马场等地找到了渡船和船工。在从石鼓到巨甸共有长达120华里的江岸，在当地群众的积极支持下，最后，红军一共找到了七只渡船和二十多名船工，控制了沿江的五个主要渡口。

渡江的条件成熟了，25日下午，前卫红四师利用在石鼓得到的小船，迅速运送了十二团的先锋部队，占领了滩头阵地，控制了对岸码头，这为后续部队顺利过江提供了保证。27日凌晨，贺龙、任弼时率二军团直属部队，在格子、士可渡江。红十六师为全军殿后，掩护各路部队渡江，并于27日在巨甸渡江完毕。雄壮的军号声响起了，一颗

颗信号弹划过天空，红军渡江胜利了。

28日傍晚，担任维西方向警戒任务的部队在巨甸余化达安全渡江，红二、红六军团北渡金沙江的任务胜利完成。

◎红军长征丽江渡口纪念碑

在当地群众的帮助下，红军依靠七只木船、几十只木筏，仅用四天三夜就从石鼓沿岸的五个渡口渡过了大批人马，北上抗日。渡过金沙江，是红二、六军团走向胜利的又一个转折点。

西双版纳花卉园周总理视察热作所纪念碑

概况

西双版纳热带花卉园周总理纪念碑群位于云南西双版纳热作所，碑群始建于1982年年底，1985年3月竣工。

1961年4月14日，周总理来热作所视察，并与缅甸总理会晤，后建西双版纳花卉园周总理视察热作所纪念碑。2009年5月，西双版纳花卉园周总理视察热作所纪念碑被中宣部公布为第四批全国爱国主义教育示范基地。

纪念碑由三部分组成：第一部分为“周恩来总理来所视察”纪念碑，碑高4.3米，由4块象征正在茁壮成长的橡胶树苗水泥墙体构成。第二部分为“中缅两国总理会晤碑”，碑体由4块水泥构成“井”字形

◎"周恩来总理来所视察"纪念碑

◎中缅两国总理会晤碑

交错相连，支撑在一泓清澈的水池中。这独特的构思，是根据陈毅《送缅甸友人》诗"我住江之头，君住江之尾，彼此亲无间，共饮一江水"的意境设计的，体现了中缅两国传统的胞波（兄弟）情谊。第三部分为"说明碑"，镌刻碑文，位于碑群的右侧。

每年，西双版纳州各大中小学生都会聚集在纪念碑旁缅怀敬爱的周总理，开展爱国主义教育活动。国家、省级许多高等院校也将这里作为他们的教学实习基地，纷纷安排学生来园参观实习。

快乐的泼水节

1961 年 4 月，周恩来总理亲临西双版纳，与缅甸总理在此会晤，并与全州各族人民欢度泼水节。

4 月 13 日，周恩来总理和缅甸总理吴努乘专机抵达思茅，然后坐车前往西双版纳。下午 6 时，两国总理来到澜沧江北岸。当时，澜沧江大桥正在建造中，他们只能乘渡船摆渡过江到南岸的"黎明之城"允景洪。当船快要靠岸时，等候在南岸的群众敲锣打鼓，高呼口号，周总理和吴努总理等贵宾也不停地向欢迎的人群挥手致意。前来欢迎的近万名各族干部群众，站满了从江边经城内十字大街至宾馆的道路两旁。在热烈的欢呼声和燃放的爆竹声中，傣族青年跳起了欢乐的象

脚鼓舞，傣族少女走上前去向贵宾们泼洒吉祥水。

当天晚上，周总理陪同吴努总理等出席了自治州人民委员会为贵宾们举行的歌舞晚会，共同欣赏了自治州歌舞团演出的精彩节目。

第二天上午，周总理在有关领导的陪同下视察了云南省热带作物科学研究所，并在四号胶林里与吴努总理进行了友好的会谈，顺利解决了两国边界的遗留问题，还对加强两国间的经济合作等问题取得了一致意见。

下午，两国总理及国内外贵宾身着傣族服装，来到观礼台。这时，鞭炮鼓乐齐鸣，万民欢呼雀跃。两国总理首先观看了有19条窄底龙船参加的龙舟竞渡，并给获胜的水手们颁发了奖品——银碗，接着大家观看放高升和歌舞表演。兴致浓时，周总理陪同吴努总理走下观礼台，到江边和各族人民一起联欢，笑语欢歌，一片欢腾。

6点多，周总理在州政府办公楼东大厅设宴招待缅甸贵宾。宴会结束后，周总理还陪同吴努总理等贵宾观看烟花燃放，欣赏了民族歌舞。

晚上，周总理又在他的住处专门接见了著名植物学家蔡希陶。周总理指出：印度的恒河和埃及的尼罗河是古代人类文明的发源地，当初土地肥沃、农业昌盛，但是由于不合理的开发破坏了森林，后来都成了沙漠。我们敦煌一带，恐怕也是这样一种结果……西双版纳傣族自治州处在北回归线沙漠地带上，这里现在是富饶美丽之乡，但如果破坏了森林，将来也会变成沙漠，那样我们就成了历史的罪人，后代就会责骂我们……要合理开垦，保护好自然资源，

◎西双版纳花卉园风景

要做人民的功臣，可不要做历史的罪人。

4 月 15 日上午 9 点左右，周总理穿着傣族服装陪同吴努总理到曼听佛寺举行泼水前的宗教仪式。吴努总理在寺内拜佛时，周总理在门外向前来参加泼水的群众招手，说：“乡亲们好，祝你们节日快乐！”接着兴致勃勃地同群众一起跳起傣族舞，随后又端起脸盆与大家一道用树枝蘸着水互相点洒。吴努总理从佛寺里出来时，手里端着一盆水向周总理走过来。没等吴努开始，周总理微笑着先将手中的水泼向吴努总理，对方也将水泼向周总理。群众欢笑着，也跟着泼洒起来，泼水节的高潮就这样掀起来了。

周总理在曼听参加了泼水节活动后，转到景洪大街泼水活动集中的地方参加泼水，他还接过群众手中的铓锣，敲打着同大家一起欢呼起舞，整个泼水场变成了欢乐的海洋。

下午 3 点，周总理陪同吴努总理和其他贵宾离开允景洪经思茅返回昆明，州、县有关领导及各族各界人民挥舞着彩旗和鲜花，依依不舍地前来欢送。

为了纪念这次重要的活动，1985 年 3 月建成了西双版纳热带花卉园周总理纪念碑群。1991 年 4 月，当地政府在当年周总理与各族群众一起泼水的曼听公园又竖立起了一尊纪念铜像。铜像前面栽满鲜花绿草，基座为汉白玉贴面，有铜质西双版纳民族浮雕。基座上的周总理塑像，身着西双版纳傣族服装，左手端着一只盛有清水的小盆，右手持一枝橄榄枝，面带微笑，欲将幸福之水泼给西双版纳人民。铜像两侧是西双版纳傣族群众载歌载舞浮雕的影壁。左侧拱门形的影壁上刻有“周总理一九六一年参加泼水节”的汉字；右侧影壁上刻有内容与左侧汉字相同的傣文。纪念碑与铜像都表达出边疆各族人民对周恩来总理的怀念之情。

贵州省

贵州素有『八山水一分田』之说，这里重峦叠嶂，绵延纵横，遍布高原、山地、丘陵和盆地。贵州有着众多的革命遗址遗迹：遵义会议，标志着中国共产党从幼年走向成熟；四渡赤水，书写了军事史上的一个神话……这里有说不完的红色故事，数不尽的红色足迹。认识遗迹，就是认识历史，让我们追寻历史的足迹，记住历史，去开创未来。

遵义会议纪念馆

概况

遵义会议纪念馆馆址即遵义会议会址，是目前贵州省唯一的国家一级博物馆，位于贵州省遵义市老城红旗路，为纪念 1935 年 1 月中国共产党在遵义举行的中央政治局扩大会议而设立，1955 年 10 月开放。1997 年 7 月，遵义会议纪念馆被中宣部列为第一批全国爱国主义教育示范基地。

遵义会议纪念馆以复原陈列为主，先后复原展出了会议室，军委总司令部一局（作战）办公室，毛泽东、朱德、周恩来、张闻天、王

◎遵义会议陈列馆

稼祥、刘少奇、刘伯承、彭德怀、杨尚昆、李卓然等同志的住室。1984年，恢复了红军总政治部旧址全貌，利用旧址房屋，开设了遵义会议辅助陈列室；陈列内容有红军长征，进军贵州；遵义会议；四渡赤水之战3部分。展线长160米，展出革命文物、历史照片、图表资料236件。该馆馆藏文物1551件，其中原物726件，复制品667件，仿制品158件。

智取遵义

1935年1月3日，由耿飚率领的红四团在江界渡口突破了乌江防线，控制了渡口。随后，上级命令红六团迅速赶上去，逼近西南重镇遵义。

红六团连夜乘竹筏横渡水急浪汹的乌江。天亮后，红六团全部渡江完毕，随即向遵义进发。团长朱水秋骑在马上，打开他背在身上的皮挂包，取出一张行军地图，摊在战马的颈上，开始了“鞍上办公”。没多久，他与政委王集成研究确定：一营、二营为突击营，从遵义东、南两面突击进城，而三营作为预备队，协助进攻。

第二天天还未亮，刚刚起床的朱水秋和王集成接到报告：中央直属纵队的刘伯承司令员来了。连夜赶来的刘伯承同团长朱水秋、王集成商量夺取遵义的计划。经过对敌情的分析，决定智取，以减少伤亡。

红六团疾步向遵义城挺进，下午接到侦察员报告，在离遵义15公里的地方发现了敌人的外围据点，大约有一个营的兵力。刘伯承要求红六团要全歼这里的敌人，哪怕一个漏网也有可能走漏了风声，影响夺取遵义的计划。红六团立刻将部队分成两路，像一把钳子似的，夹住这个据点。

敌人迷信乌江防线固若金汤，毫无戒备，结果被打了个措手不及。据点被打开了，敌营长企图逃跑，带着一小队残兵东冲西撞，结果还是被红军歼灭。红六团团长从俘虏中找了一个连长、一个排长和十余个贫苦出身的士兵，进行宣传教育，说明红军是为打倒军阀、地主的人民军队，要他们讲清遵义敌情，并给以奖赏。敌连长经过教育，将遵义城的工事、守敌的兵力等一一讲明，并画了一张城防地图。

根据掌握的情况，团长决定化装成敌人，利用俘虏诈城，智取遵义。这个计划报告刘伯承后，刘伯承表示同意，并嘱咐说："装敌人一定要装得像，千万不能叫敌人看出破绽。"

于是，红六团一营营长曾宝堂带着三连和侦察排及全团二三十个司号员，全都化装成敌军模样，带上十几个经过教育愿意与红军合作的俘虏，前往遵义城。其他部队尾随其后，如若诈城不成，实行强攻。夜晚9时，部队冒雨出发，在泥泞不堪的路上急行了两个多小时到达遵义城下。红军装成败退下来的样子，慌慌忙忙往城根跑去。

"干什么的?"城上的敌人大声查问，枪栓也拉得咔咔作响。

"自已人！别开枪！"俘虏们用贵州话回答。

"哪一部分?"城楼上又大声问。

那个俘虏连长就按红军事先给他安排的内容回答说："我们是外围营的，今天叫'共匪'包围了，庄子丢了，营长也被打死了。我是一连连长，领着一部分兄弟好歹逃了出来。现在，'共匪'还在追我们，请快开城门，救救我们。"

遵义城上的敌人在查问了被打死的营长的名字后，又用手电向楼下照了照，发现都是穿着黔军军装的"自已人"，便下令打开城门。

"哗啦"一声，城里卸下了门闩。随着吱吱的响声，城门打开了。开门的哨兵恐慌地连声问："怎么'共匪'来得这么快?"话音为未落，红军战士说，"是啊，现在已经进了遵义了。"说着用枪对准了他的太阳穴，"我们就是红军。"敌人一听，立刻吓蒙了。大队红军乘机一拥而进，割断电线，歼灭了城楼上的守敌，一举拿下了遵义城。

历史的足迹

1935 年 1 月 15 日至 17 日，中共中央政治局在遵义召开了独立自主地解决中国革命问题的一次极其重要的扩大会议，这是在红军第五次反“围剿”失败和长征初期严重受挫的情况下，为了纠正王明“左”倾领导在军事指挥上的错误而召开的。这次会议是中国共产党第一次独立自主地运用马克思列宁主义基本原理解决自己的路线、方针政策的会议，在极端危险的时刻，挽救了党和红军，是中国共产党历史上一个生死攸关的转折点，标志着中国共产党从幼年达到成熟。

遵义会议是在中国革命最危急的关头召开的，又是中国共产党最高层的会议，所以一般人并不知道开会的时间和地点。20 世纪 50 年代初寻找和确认会址时，一度根据当地群众的传说，将市内一处天主教

◎遵义会议纪念馆前言大厅

堂认定为会址，并在那里挂出了“遵义会议纪念堂”的牌子。1954 年，时任中央办公厅主任的杨尚昆提供了一条线索：19 年前，他作为红三军团政委参加了遵义会议。他清楚地记得，会议是在遵义当地非常气派的一栋楼房里召开的，楼房的主人是一个姓柏的黔军师长。

当年，遵义是出军阀的地方，当过师长的有十几个，但姓柏的只有一家。遵义方面立即将当年的柏家大宅及周围的环境测绘拍照上报，经过审定后把这里定为“遵义会议旧址”。1958 年，邓小平到贵州视察，专程参观了遵义会议纪念馆。环视着厅内的长桌、椅子、挂钟、壁柜和彩色玻璃窗，邓小平目光炯炯，仿佛思绪回到了当年，他对陪同人员说：“会议就是在这里开的。”并指着里侧的一角落说，“我就坐在那里。”走出纪念馆，邓小平来到遵义天主教堂，发现那里原来是红军总政治部驻地，而不是遵义会议召开的地方。

1964 年，毛泽东为纪念馆题写了“遵义会议会址”六个大字。

◎毛泽东手书“遵义会议会址”

◎红军总政治部旧址

1984年，邓小平题写了“红军总政治部旧址”的匾额。

遵义会议是中国革命的重要转折点和里程碑，遵义会议纪念馆承载着它历史的辉煌，向人们诉说着那段不平凡的岁月里的故事，使来到这里的人们感到历史的分量，受到爱国主义的熏陶。

息烽集中营革命历史纪念馆

概况

息烽集中营革命历史纪念馆位于贵阳市北面约60公里的息烽县城南。息烽集中营是抗日战争时期国民党军统特务机关设立的一所秘密监狱，用来关押共产党人、抗日志士、爱国人士、进步青年，是当时国民党军统局所设的3所秘密监狱——息烽集中营、重庆白公馆监狱、

◎息烽集中营革命历史纪念馆

◎息烽集中营展览馆一角

重庆望龙门看守所中规模最大的一所，而且等级最高，管理最严，军统内部称之为“大学”。2001 年 6 月，息烽集中营革命历史纪念馆被中宣部评为第二批全国爱国主义教育示范基地。

1927 年，蒋介石发动“四.一二”反革命政变，逮捕了许多有影响的共产党员和进步人士，囚于国民党设在南京的“军人监狱”。1937 年“七七事变”后，日寇大举进犯，南京岌岌可危，蒋介石令军统将这批人迁至武汉，不久再迁湖南益阳，最后转移到息烽关押。息烽集中营从 1938 年 11 月建立至 1946 年 7 月撤销，先后关押共产党人、进步人士 1220 余人。杀害、折磨致死 600 余人，释放的仅有 140 多人，下落不明的 400 多人。仅有 72 人在息烽集中营撤销后被转移到重庆军统所属渣滓洞和白公馆监狱关押。至今尚存的蔡家寨、垮门硐、快活岭等刑场留下的座座坟茔，就是息烽集中营大屠杀的铁证。

集中营的本部用围墙围着，围墙长 2400 多米，宽 200 多米，围墙外的辜家山、莫家山、孙家坡、林家青杠岭四个山头上各筑有一座碉堡。围墙内的一个天然溶洞——猫洞，是国民党反动派刑讯逼供的地方，在这里被酷刑折磨而死的人不计其数。

息烽集中营除本部外，还包括专门关押杨虎城将军及其家人的玄天洞，距集中营本部 14 公里，这里囚禁了杨虎城将军与夫人谢葆贞、儿子杨拯中、女儿杨拯贵一家，时间长达 8 年。

息烽集中营革命历史纪念馆通过一些珍贵资料的展出，警示后人不要忘记这一段“抹不掉的历史”，珍惜今天的幸福生活。

不屈的斗争

息烽集中营关押的大都是“重犯”和“要犯”，或是案情重大的“政治犯”，或是社会影响很大不敢公开杀害的人士，如工农红军第一路总指挥部代表、川康特委书记罗世文、川康特委军事委员车耀先；西北特别支部委员宋绮云；打入军统总部的地下党特支书记张露萍以及韩子栋、许晓轩、刘丕光、文泽等；还有抗日将领和社会各阶级的爱国知名志士，如杨虎城、黄显声、徐林侠、杨醒民、邓演达、马寅初等，甚至还有去延安路上被拦劫逮捕的爱国青年。

这里标榜“监狱学校化”，明明是牢房却称为书斋，分设忠、孝、仁、爱、信、义、和、平八“斋”。为体现“思想感化”，把囚徒称为“修养人”，还办有《复活》、《养正周报》，看起来很有文化氛围，其实是一整套摧残爱国志士的工具。

这看上去颇讲“文明”的地方，却是真正的人间地狱。“犯人”入狱后立即在人间消失，抹去了真实姓名，与外界断绝一切往来。为了绝对保密，妻室儿女一同收监，杨虎城、宋绮云、孙壶东几家都关在这里。这里所谓的“文明审讯”，就是使用电刑、老虎凳和灌辣椒水等酷刑。夜深人静的时候突然提审，要么遍体鳞伤，要么被送“上路”。“犯人”多在月黑之夜被秘密杀害，不留痕迹。

在这座魔窟里，一阵阵皮鞭、一缕缕血迹永远留在人们悲惨的记忆中。但关在这里的爱国者们，并没有屈服，只要一息尚在，他们就要与反动派斗争到底。在息烽集中营里，罗世文是一个公开身份的共产党员，他做过中共川西特委书记和四川省委书记，1940 年被捕后由重庆白公馆移送息烽集中营。因为身份特殊，他被关押在“忠斋”。他公开宣称“我参加共产党多年”，信仰不能改变，他写道：“故国山河在，群情尽望春；英雄跨统一，后笑是何人？”他利用“狱政改革”进行合法斗争，暗中组织“狱中秘密支部”，“忠斋”成了党组织的活动中心。支委车耀先原是中共川西特委军事委员，但党员身份亦未暴露，只知他是抗日救亡运动领袖，将他安排在图书组。从此，图书馆便成了共产党的秘密联络点。

共产党员宋绮云和他的夫人因从事抗日救亡活动，支持杨虎城逼蒋抗日，被诱捕入狱。他们的幼子宋振中几岁便跟着父母受难，因营养不良，头大身瘦，人们叫他“小萝卜头”。“小萝卜头”跟着母亲住在“义斋”，这个弱小的孩子受到了大家的关爱，他跟着狱中的叔叔、阿姨们学认字，还成了捎口信、传纸条、送东西的“小小交通员”。不久，监狱里又添了一个“狱中之花”孙达孟，她的父亲孙壶东和母亲徐宝芝同时被捕，已身怀有孕的徐宝芝在狱中生下了这个苦命的孩子。

1940 年，“义斋”里来了个年轻漂亮的巾帼英雄——张露萍，积极乐观的她教“小萝卜头”认字，收孙达孟为干女儿，给孩子们带来许多快乐和温情。

张露萍，1938 年 10 月加入中国共产党。第二年 10 月，她受党派遣回四川工作，秘密打入重庆国民党军统局电讯处及电讯总台，担任党在军统局的地下党支部书记，负责把同志们从军统机关截获的重要情报送到南方局。张露萍领导的地下党支部犹如一把利剑，插在敌人的心脏，在敌人最森严、最机密的特务首脑机关里，构建了一个党的“红色电台”。1940 年 3 月，地下党支部不慎暴露，张露萍等 7 人全部被捕，并被关入息烽集中营。在狱中，张露萍受尽酷刑却坚贞不屈，积极参加狱中的斗争。

1945 年 7 月 14 日，监狱通知要把张露萍转送重庆。她明白，最后的时刻就要到来了。张露萍从容不迫，整理仪容，与狱友和两个小朋友道别，昂首走出了牢房。

息烽行辕主任周养浩谎称要将张露萍等 7 人送往重庆开释，让他们坐上一辆卡车。等车走到快活岭时突然停下，说是要装货物，叫他们 7 人下车。他们刚踏上石阶，一阵乱枪射来。张露萍腿部中弹，转身愤怒高喊：“朝我开枪！”在“中国共产党万岁！”的呼声中，她结束了年仅 24 岁的生命。

在七位烈士殉难后的第二年，息烽集中营撤销，罗世文、车耀先、黄显声、宋绮云等 72 人被押往重庆，罗世文、车耀先被杀害于松林坡，黄显声被惨杀于步云桥，宋绮云一家与杨虎城将军在戴公祠一同遭难。

◎息烽集中营那些被残害的同胞们浮雕

息烽集中营吞噬了许多鲜活的生命，许多革命先烈在这里流尽的鲜血。在这里，革命志士谱写了悲壮的史诗，他们在狱中的斗争惊天地、泣鬼神，光照千秋。

困“虎”玄天洞

1936 年，张学良、杨虎城为了挽救民族危亡，逼迫蒋介石停止内战，一致抗日，毅然发动了震惊中外的“西安事变”。没想到蒋介石背信弃义，事后将张学良、杨虎城逮捕入狱，辗转移送至贵州。杨虎城被囚禁在息烽玄天洞长达 8 年之久。

玄天洞位于息烽县城东 8 公里的南望山中部，因洞内建庙供奉玄天大帝而得名。洞形如半月，更像倒扣着的大锅，面积约 3400 平方米，内有一口井。洞内有玉皇殿、三官殿、上殿、下殿，大小房屋共 40 余间。为了监禁杨将军一家，国民党反动派把庙里的道人撵走，在这里布置了三层警戒线，外卫是特务团的一个连，中卫是宪兵排，内卫是特务组，层层封锁，大有让鸟也别想飞出去的架式。

“西安事变”之后，杨虎城被解除西安绥靖公署主任及十七路军总指挥的职务，派往欧美“考察”。1937 年 11 月，杨虎城满怀报国杀敌之志回到祖国，在南昌遭到扣押。他的夫人谢葆真带着年幼的儿子杨拯中前往南昌探视，不料一家三口都遭囚禁。1938 年 10 月，他们被

◎玄天洞杨虎城将军囚室

送往玄天洞，从此开始了更加暗无天日的生活。

一个戎马半生的将军，竟以“囚犯”的身份落入军统特务手中。爱国何罪之有？杨虎城愤愤不平，常讲起抗金英雄岳飞因“莫须有”之罪遭到陷害的故事。蒋介石对杨虎城深恶痛绝，又怕杀害杨虎城会激起天下不满，于是把他长期软禁起来。杨虎城眼见日寇横行，国土沦丧，可自己身陷囹圄之中，不能带兵杀敌，内心有说不出的痛苦。

最可怜的是9岁便关进玄天洞的杨拯中，他没有欢乐的童年，由于长时间营养不良，身体瘦弱，头发都成了灰白色。正当上学发蒙的时候，却不能入学，只好由母亲谢葆真亲自教他认字读书。杨虎城的女儿杨拯贵诞生在狱中，呱呱坠地便面临牢狱之苦。在这种恶劣的境遇下，谢葆真受到了极大刺激，患了精神分裂症，被关在阴暗潮湿的山洞里。每到夜晚，在昏暗的油灯下，杨虎城看着蜷缩在床上的孩子，想起关在另一个山洞里的妻子，不禁泪流满面。

抗日战争胜利后，杨虎城将军连同夫人及子女又被关押到重庆杨家山。1947 年，精神失常的谢葆真被敌人折磨致死。1949 年 2 月，杨虎城又被押送到贵阳麒麟洞，9 月押回重庆。在路过松林坡戴公祠时，敌人下了毒手，杨虎城将军、宋绮云夫妇，还有三个未成年的孩子，一同倒在血泊之中。

王若飞故居

概况

王若飞故居，位于安顺市内若飞大道北道中段东侧，是无产阶级革命家王若飞出生和居住过的地方。故居始建于清代，是王若飞的曾祖父所建，1982 年政府拨款维修同时对外开放。2001 年 6 月，王若飞故居被中宣部评为第二批全国爱国主义教育示范基地。

故居为木结构小青瓦建筑，具有清代民居风格。现存部分家具实物及王若飞青少年时期在日本、法国留学时进行革命活动的资料，与毛泽东、周恩来等领导人一起工作时的照片、通信手迹，重庆谈判时所穿衣物，遇难后党中央和中央领导的悼词，部分国民党高级官员、爱国将领、民主党派知名人士题词、挽联及社会各界悼念活动和有关王若飞的书籍出版物等。

王若飞，1896 年 10 月 11 日生于贵州安顺城北。1922 年加入中国共产党，先后任豫陕区党委书记、中共中央秘书长、江苏党委省农委书记等职。1927 年 5 月当选为中共中央委员。1931 年任中共西北特区委书记。在延安时期历任中共陕甘宁边区党委统战部长、宣传部长、

十八集团军延安总部副总参谋长，中共中央华北华中工作委员会秘书长，中央党务研究室主任，中共中央秘书长等职。1945 年 8 月王若飞作为中共代表团代表之一，与毛泽东、周恩来赴重庆谈判，同国民党政府签订了著名的《双十协定》。1946 年 4 月 8 日，王若飞乘飞机回延安请示汇报工作，因飞机失事不幸遇难，时年 50 岁。

◎王若飞故居

王若飞与舅父黄齐生

王若飞生在安顺一个没落的地主家庭，在安顺度过了七年半的幼年生活。他的祖母早年去世，庶祖母很不喜欢王若飞的父亲。等王若飞的曾祖父一死，庶祖母就将王若飞的父亲逐出家门，致其在外流浪而死。王若飞和母亲、妹妹失去了依靠，日子过得十分艰难。

王若飞只有 6 岁时，庶祖母就要他提水。由于王若飞个子瘦小，没力气，水桶提不过门槛，有时不小心把水桶打翻，立刻招来一顿劈头盖脸的竹板毒打。人生的折磨，使年幼的王若飞过早地尝到人生的辛酸，他开始变得沉默寡言。

王若飞母子的遭遇，使外婆和两个舅舅（黄干夫和黄齐生）十分惦记。黄齐生来到安顺，想把王若飞接过来抚养。王若飞的庶祖母和叔父百般拒绝，声称王家就这一个儿子，要留在身边，所以未能接走。之后，庶祖母和叔父仍虐待王若飞，始终不送他去读书。不久，黄齐生又赴安顺，反复说明带若飞出去读书，是为了使他成人立业，且再三指出："一切费用不累及你们，将来成人亦王家之荣，我尽母舅之责，愿负担一切。"王家最终同意放行。据说，黄齐生欣喜异常，高兴地对人说："王家如去一草，我却如获一宝。"由此可见，黄齐生对王若飞十分疼爱。

1904 年 2 月，黄齐生终于将王若飞接到贵阳，让他就读于达德学校。从此，王若飞的人生有了转机。

黄齐生不但使王若飞脱离了家庭的折磨，还对他早期的成长起着十分重要的作用。王若飞初到贵阳时，"满头癞疮，状类白痴"，身体贫弱，读书非常吃力，因此在达德学校的预备班留级。黄齐生十分理解外甥此时的境遇，不仅没有抛弃他，反而倍加关心。由于黄齐生的细心照顾，王若飞的病很快就治愈了，学业也有了很大长进，特别是读到小学二年级时，进步尤为显著，被学校奖为"最优等生"，连跳两级进入高等小学。

黄齐生在《王若飞引述》一文中记述："既而察其有异，家藏书，恣窥览。时校例奖天才，卒超越三级而入高等"。另外，黄齐生还十分欣喜地作了一首五言诗记叙王若飞的学习情况："……十岁心花放。行业坐卧间，书卷手不让。曰或千言记，使我惊奇创。十二躐高等，胆粗气益壮。" 此时的王若飞开始迎来新的希望。

王若飞后来坚定地走上革命道路很重要的一个原因是受到舅父的影响。他的两位舅舅都是爱国民主人士、知名的社会活动家。王若飞从达德学校毕业后，遂与黄齐生一道在江苏、山东、河南、山西、四川等省宣传反对袁世凯的运动，这使他开阔了眼界。

1917 年，王若飞考取留学日本公费生。第二年，他与黄齐生一起赶赴日本东京。1919 年，"五四"运动爆发，日本人排挤中国留学生，王若飞于 8 月 7 日愤然回国，在上海参加反日宣传，接着与黄齐生等赴法国勤工俭学，在法国巴黎生活了近 4 年时间。

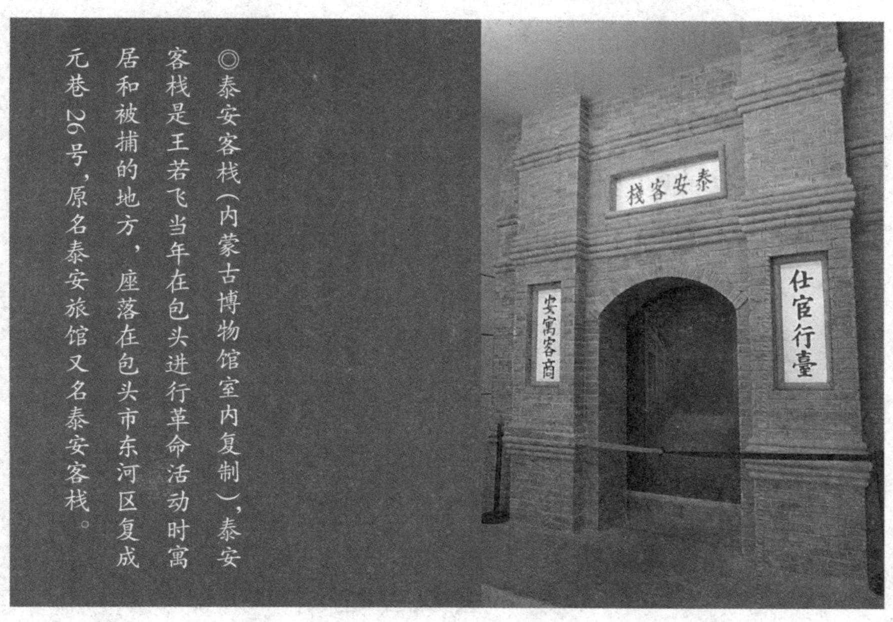

◎泰安客栈（内蒙古博物馆室内复制），泰安客栈是王若飞当年在包头进行革命活动时寓居和被捕的地方，座落在包头市东河区复成元巷26号，原名泰安旅馆又名泰安客栈。

在法国，王若飞结识了周恩来、邓小平、赵世炎等革命家，并经阮爱国（胡志明）介绍参加了共产党并被派往苏联学习。日本入侵中国后，王若飞从苏联回国，在内蒙古做地下工作时不幸被捕。在敌人严刑逼供和功名利诱面前，他毫不动摇，坚定共产主义信念；在法庭上宣传抗日，在监狱组织群众斗争。黄齐生不顾年老体弱三次赴绥远探视王若飞，并设法营救。因抗日形势所迫和党组织的多方营救，敌人不得不将王若飞释放出狱。

王若飞回到延安，被任命为八路军副总参谋长。抗战胜利后的1945年8月28日，王若飞同陪毛泽东、周恩来赴重庆与国民党政府进行和平谈判，签订“双十协定”，王若飞是签字代表之一。1946年初，王若飞与周恩来、董必武、叶剑英等同志作为中共代表，参加第三次国共谈判。

1946年2月10日，重庆各界在较场口举行庆祝政治协商会议成功大会，国民党特务在会场捣乱行凶，打伤爱国民主人士李公朴、郭沫若等，激起全国愤慨。延安各界推举黄齐生为代表赴重庆慰问。3 月 22 日，黄齐生等人乘飞机到重庆，住曾家岩八路军办事处，组织慰问活动。

王若飞在重庆见到了舅父，非常高兴，但令他忧虑的是第三次国共谈判进展得并不顺利。由于国民党严重阻挠破坏各项决议，王若飞、博古于 4 月 8 日冒恶劣天气从重庆乘飞机，赶往延安向党中央汇报工作，黄齐生也一起乘机返回延安。不料，飞机于山西兴县黑茶山失事，王若飞和舅父与同机的博古、叶挺夫妇、邓发等一行 13 人全部遇难，这就是震惊中外的“四八”事件。

黎平会议会址

概况

黎平会议会址坐落在黎平县城（德凤）东二郎坡 52 号。它原为城东翘街胡荣顺店铺，晚清建筑，前低后高，分为三进，是黎平城建筑十分讲究的古式木楼。第一进为店铺；第二进为住宅，有明间、次间、稍间；第三进为后院花园。会址有大小天井 8 个，四周为青砖空斗封火墙，高约 20 米。2005 年 11 月，黎平会议会址被中宣部评为第三批全国爱国主义教育示范基地。

会址总面积 800 余平方米。第一进的门面左墙壁上书有“锅鼎瓷器”四个行书大字。第二进有一较大的天井，正堂雕塑“二龙戏珠”，正堂对面雕塑两只大凤，雕刻精美。墙顶有一屏峰台，塑有狮、鸟、兔类。左右为格扇门书房，房后为小天井，放有青石水缸。墙壁上绘有以历史故事为题材的壁画。整个建筑高大、宽敞、森严，是黎平县城内屈指可数的老式民房。

◎黎平会议会址

1934 年 12 月 14 日，中央红军长征由湖南通道一举攻克黎平县城。18 日，党中央在此召开中央政治局会议，史称“黎平会议”。会上否定了“左倾”冒险错误的进军计划，进一步肯定了毛泽东的正确主张。这次会议是红军离开江西后召开的一次重要会议，在紧要关头改变了红军的战略方针，变被动为主动，并为遵义会议的召开奠定了思想和组织基础。这所普通的民房，因黎平会议而成为重要革命文物。

黎平会议

黎平在贵州省的东南部，属黔东南苗族侗族自治州，东与湖南通道县相邻，西接榕江，南面毗连广西，北与剑河、锦屏相望，苗岭山脉贯穿全县。这片美丽富饶的山区，曾留下红军的足迹。

1943 年 10 月，中央红军开始长征，突破敌人四道封锁线后，于 12

◎黎平会议内景

月 11 日占领湖南通道县城，红军由出发时的八万余人，锐减到三万多，折损过半。此时，蒋介石调兵遣将，前堵后追，妄图消灭红军。12 月 12 日，中央军委在湖南通道召开了临时军委扩大会议，毛泽东提出了一路向西、进入贵州的方针。这一主张被会议采纳，中央红军放弃北上湘西与红二、红六军团会合的原定计划，改道向敌人力量薄弱的贵州刊发。

中央红军入黔后消灭了贵州军阀的防守部队和一些地主武装，于 12 月 14 日占领黎平县城。城内外苗、侗各族群众敲锣打鼓，燃放鞭炮欢迎红军。红军把没收豪绅的粮食、衣物分给群众，把从敌人那缴获来的枪支弹药也送了一些给当地的人民。红军还帮助当地人民建立武装自卫组织，号召他们走红军的道路。

12 月 18 日，在黎平召开了中共中央政治局会议，出席会议的有毛泽东、周恩来、朱德、博古、王稼祥、张闻天等人，共产国际军事顾问李德也参加了会议，会议由周恩来主持。会上，经过毛泽东的不懈努力，肯定了红军进入贵州这一重要战略决策，进一步肯定红军西进的方向。会议还作出了《中共中央政治局关于在川黔边建立新根据

地的决定》，并决定取消八军团建制，对部队进行了改编。

会后，红军向黔北挺进，所向披靡，直抵乌江南岸，打乱了敌人原来的布置。自此，战局才开始出现了转机。黎平会议为不久后召开的遵义会议奠定了思想基础，是实现中国革命历史性转折会议的前奏。

娄山关红军战斗遗址

概况

娄山关红军战斗遗址位于贵州省遵义市北部大娄山山峰之间，距市区 50 公里，这里正处于遵义、桐梓两地的交界处，是川黔公路和铁路交通要道。娄山关又名娄关，是大娄山脉的主峰，娄山关上千峰万

◎娄山关红军战斗遗址

仞，峭壁绝立。川黔公路盘旋而过，素有“一夫当关，万夫莫开”之说，自古被称为黔北第一险隘。2005年11月，娄山关红军战斗遗址被中宣部评为第三批全国爱国主义教育示范基地。

1935年1月7日，红军长征途中攻占遵义。贵州军阀王家烈、侯之担闻讯，慌忙调兵遣将，在娄山关一带设防。为确保中共中央在黔北遵义建立新战略根据地，确保主力部队在遵义休整和遵义会议的安全，中革军委命令红一军团第二师第四团率部追击，向北逃窜的敌军，夺取娄山关，以防御川南之敌向遵义进犯。1月9日，红军以猛烈火力从关南发起总攻，迅猛杀上娄山关，战斗大获全胜。

2月25日凌晨，红三军团在军团长彭德怀的率领下，采取正面攻击和两翼包围的迂回战术，再度向娄山关挺进，指挥红一、三军团，与敌军为争夺关口展开激战，歼灭敌军4个团，击败敌军2个师，攻占娄山关一战，黔军被歼灭600余人，取得红军长征以来的首次大捷，为遵义会议的召开作出了重要贡献。毛泽东在娄山关上感慨万端，吟出了长征中最为悲壮的《忆秦娥·娄山关》，描写了红军指战员英勇鏖战的壮烈情景。

◎娄山关红军战斗纪念碑

娄山关关口西侧笋子山为娄山主峰，东侧山峰俨若巨锥，叫做大尖山，山上现遗有碉堡残垒。两侧山梁上壕堑犹存，关口南侧公路边，有行书“娄山关”石碑

一道。

关口西侧山垭建有娄山关红军战斗纪念碑，为1966年建造，碑高11米，碑座宽6米，南侧为大理石贴面，横刻原国防部长张爱萍手书“遵义战役牺牲的红军烈士永垂不朽”15个行草大字。碑座北侧嵌5.4米长的汉白玉浮雕，雕刻娄山关战斗中红军将领、战士、游击队员跃马横枪、攻克天险的英雄群像；碑座东侧有“娄山关战斗简介”碑文一方；碑体为两根并立的文化石巨柱，顶削为斜尖，状若两把红军刺刀，又象征娄山关群峰刺天，中通一线的险峻形势；碑体二柱，蕴含红军“二渡赤水”、再克娄山、重占遵义的军事行动。碑体二柱的上方分别嵌黑色大理石，南侧雕一面红军战旗，标志红军攻克娄山关；北侧镌刻张爱萍将军长征时作于县境的《西江月·遵义大捷》手迹。

在关口东侧山崖，建有毛泽东《忆秦娥·娄山关》词的手迹石碑。全长25米，通高13.55米，下有石砌平台、石级、碑南北侧建护墙，栽植松柏。

◎毛泽东《忆秦娥·娄山关》词手迹石碑

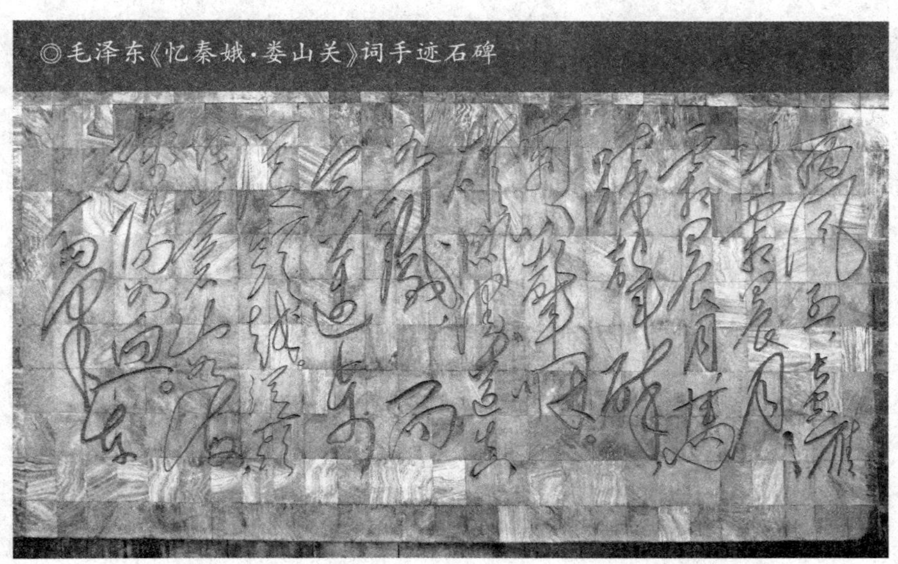

猴场会议会址

概况

猴场会议会址位于瓮安县草塘镇猴场村，距县城 17 公里，于 2004 年按原样修复并对外开放。2009 年 5 月，猴场会议被中宣部评为第四批全国爱国主义教育示范基地。

会址主体建筑原为猴场商人宋泽生的私人宅院。因宋泽生曾到四川西康藏族地区经商并定居过很多年，晚年返回原籍瓮安猴场村定居时，吸收了藏式民居建筑和瓮安民居建筑的特点与优点，建成了这座

◎猴场会议会址

私人宅院，俗称“一颗印房子”，其特点是内建四合院木房，外围四周围墙，正面围墙高大雄伟，正中设大门，其余三面围墙略低，侧面开一小门连通碉堡，屋后有花园。

1934 年 12 月 31 日下午，中国工农红军军委纵队长征到达猴场，在这所宅子里召开了中共中央政治局扩大会议，史称猴场会议。

1997 年，黔南州和瓮安县决定重建“猴场会议”会址，并于 2004 年 2 月完工。修复后的猴场会议会址，占地面积比原来约大一倍，外围又增加一道围墙，正面修建了雄伟的门楼，内有老红军题字碑廊和若干展览室。会址雄伟壮观，基本上按当年召开猴场会议时的原貌进行了恢复。“猴场会议”纪念馆馆名由张爱萍将军亲笔题写。

主体建筑物为“一颗印房子”，由相连的门厅、正房和厢房共四栋两层木结构房屋组成。一层正房共三间，中间为堂屋，是当年中共中央政治局开会的地方，现陈列有会议桌椅等实物和会议场景大幅油画，绘有毛泽东、周恩来、朱德、王稼祥、张闻天、博古、李德、李富春

◎猴场会议会址前的雕像

◎毛泽东行居

等人开会时的群像。

堂屋两侧及两边厢房一层为红军长征历程图片展和实物陈列，全面反映了红军长征的全过程和红军在瓮安的活动历史遗迹。二层为当时中共中央政治局领导成员周恩来、朱德等同志住室，陈列有实物和领导人相片。由于毛泽东当时担任的是中华苏维埃政府主席，没有住在这里，而是住在离此处一华里远的下司村傅家祠堂，傅家祠堂已于 2006 年修复，现在命名为“毛泽东行居”。

猴场会议

1934 年底，中央红军长征进抵贵州瓮安县乌江南岸。12 月 31 日下午，军委纵队到达瓮安猴场。

猴场，又称草塘，始建于元代至元二十一年，为播州安抚司辖下的一个长官司，明洪武十七年改为草塘安抚司，民国时期为瓮安县的一个镇，是贵州著名的八大镇之一。

关于为什么叫“猴场”，《长征闻所未闻的故事》作者哈里森·索尔兹伯里的解释是：“猴场”就是从前有很多猴子的地方。这种解释，是一个典型的文化误解。猴场和猪场（珠藏）一样，都是中国西南地区最常见的以十二生肖作为地名的地方。原意是这里逢猴日赶场，是天干地支的形象化记忆，与猴子并没有关系。

猴场在当时算是个繁华的地方。陈昌奉是毛泽东在长征时期的警卫员，他在回忆录中说：“猴场是我们从江西瑞金出发以来见过的最大的集镇，市场繁荣，商业兴旺。来到猴场正值过年，红军每人发两块大洋做饷，有的战士甚至想留在猴场不走了，我把一些战士的想法告诉毛主席，毛主席笑着对战士们说：‘中国这样的地方多的是，我们要渡江到遵义去过大年。’”

而此时的蒋介石得知红军向乌江南岸前进，急忙改变部署，重兵围堵，企图将红军消灭在乌江南岸。掌握着红军领导权和指挥权的博古、李德置黎平会议的决议于不顾，顽固地认为红军应“东进”、再入湘西。他们要求在瓮安猴场召开政治局会议，重新讨论红军长征的战略方向。为此，在红军到达猴场的当天下午 5 点左右到 1935 年 1 月 1 日凌晨，中共中央在瓮安猴场镇西一公里的宋家湾召开了进军贵州后的第二次政治局会议。参加会议的政治局委员和候补委员有：毛泽东、朱德、周恩来、王稼祥、张闻天、陈云、刘少奇、李富春、邓发、凯丰、秦邦宪、李德和翻译人员伍修权。

在会议上，博古提出要红军“不过乌江”，留在乌江南岸打游击，“回头再与红二、六军团会合”。于是，会议就红军“北渡”还是“东进”展开激烈的争论。毛泽东作了发言，反驳博古的错误主张。毛泽东认为：如果仍然坚持东进与红二、红六军团会合，势必再次进入蒋介石布下的口袋；而贵州国民党势力相对薄弱，贵州军阀王家烈的黔军是有名的“双枪兵”——鸦片烟枪不离手，根本没有战斗力；蒋介石嫡系部队中央军与黔军，以及川军、滇军又矛盾重重，钩心斗角，有利于红军的行军作战，所以应当坚持执行“北渡乌江，在黔北建立川黔边新苏区根据地”。

博古、李德在第五次反“围剿”以来的错误指挥，早已引起红军广大指战员的不满，参加猴场会议的大多数中央领导再次否定博古、李德等人回头“东进”的错误主张，重申了“黎平会议”的战略路线，在“猴场会议”上作出《关于渡江后新的行动方针的决定》，命令红军立即渡江。

猴场会议为不久后召开的遵义会议明确取消博古、李德的军事领导权和指挥权、确立毛泽东在红军中的领导地位奠定了坚实的政治基础和思想基础。

在此之前的湖南“通道会议”使毛泽东重新获得红军军事发言权，“黎平会议”使毛泽东的军事路线和思想进入红军领导指挥中枢，而“猴场会议”则强化了毛泽东的军事领导指挥权，并在事实上取消了博古、李德的军事领导指挥权力，为遵义会议的召开奠定了基础。

周逸群故居

概况

周逸群故居在铜仁市区共同路 12 号，原街名为大公馆。故居坐北朝南，呈四合大院，总占地面积 1162 平方米。清道光年间，周逸群祖父始建后楼两幢。左楼上下各三间，周逸群在此楼出生和结婚。右楼结构与左楼基本相同。1918 年，周逸群建正屋一幢三间，占地面积

◎周逸群故居

109 平方米，现为周逸群生平事迹陈列室。正屋前有石板铺墁院坝，两旁辟有花圃。整个故居古朴典雅，错落有致。

周逸群烈士故居于 1984 年国庆修复陈列对外开放，徐向前、廖汉生分别为故居大门和陈列室题写了匾额。萧克题词：“发扬周逸群烈士奋斗精神，开创梵净山老区崭新面貌”。2009 年 5 月，周逸群故居被中宣部评为第四批全国爱国主义教育示范基地。

周逸群，原名周立凤，1896 年 6 月生于贵州铜仁，中国工农红军高级将领。1919 年前往日本留学，1924 年初回国，与恽代英等人在上海以文章宣扬革命。当年 10 月考入黄埔军校第二期，11 月加入中国共产党，参与创办中国青年军人联合会。北伐开始后，周受委派前往湖南常德联络贺龙部武装，8 月，任国民革命军第九军第 1 师政治部主任，贺龙任师长。

1927年8月1日，周逸群参与领导南昌起义，贺龙经周逸群介绍加入了中国共产党。会昌战斗后，周留守潮州，组织抵抗。1928年，周逸群与贺龙等人前往湖北、湖南边境，开拓湘鄂边苏区，5月，周逸群创建洪湖赤卫队，后担任红六军政委。1930年7月，红二军团成立，周逸群任政委。1931年5月，周逸群在视察华容县的工作时，途经策阳县贾家凉亭，遭敌人伏击，不幸壮烈牺牲，年仅35岁。

贺龙参加革命的引路人

周逸群是中国共产党军队的早期缔造者之一、湘鄂西红军和苏区创建人。同时，周逸群还是贺龙元帅参加革命的引路人。

第一次国内革命战争期间，贺龙积极拥护孙中山先生“联俄、联共、扶助农工”的三大政策，高举打倒列强、打倒军阀的旗帜，率部参加北伐战争。1926年夏，他担任国民革命军第九军第一师师长，成为北伐军中著名的左派将领。

1926年7月，国民革命军出师北伐，周逸群随军来到长沙，任北伐军总政治部宣传队长。根据党的指示，他到国民革命军第九军工作，在途经常德时与第九军一师师长贺龙相识，并任一师政治部主任兼常德地方书记。从此，两人并肩战斗，结下了深厚的革命友谊。

贺龙在湖南招收新兵3000人，他按照周逸群的主张，在原随营军官学校的基础上开办“政治讲习所”。由周逸群带来的宣传队员担任教官，周逸群本人则担任讲习所首任所长。这是贺龙方面欢迎左翼宣传队帮助改造部队、接受中共主张的开端。

贺龙要求参加共产党，周逸群告诉他：只要够条件，一定有人找你。在周逸群的帮助下，贺龙同志更加接近共产党，认为共产党的主张好，有办法，能够救中国，决心在共产党的领导下干革命。

1927年春，贺龙率部脱离第九军，改编为国民革命军独立第

15 师，周逸群继任政治部主任。贺龙奉命第二次北伐，开赴河南前线。

出发前，该师参谋长——右派军人陈图南唆使少数人闹事，企图谋刺贺龙。贺龙果断处理，交武汉公安局枪决了陈图南，迅速平息了这场骚乱。这起当年在武汉轰动一时的政治事件，增长了贺龙政治斗争的经验，也显示出他与国民党右派彻底决裂的决心。

独立第 15 师在讨伐奉系军阀中屡建战功，回到武汉后，扩编为国民革命军第二十军，贺龙任军长，周逸群任政治部主任，后兼任第 3 师师长。此时，国内革命形势急转直下，继蒋介石在南京发动“四·一二”反革命政变后，武汉国民政府和各地国民党的地方势力也开始反共。贺龙拒绝了国民党各派的拉拢，为避开这些人，6 月底，贺龙经周逸群安排从英租界搬到了俄租界。

贺龙对中国共产党和周逸群的信任和亲切感日益增加。在俄租界，贺龙结识了不少中共中央的负责人。他从思想上、政治上接近中国共产党，进而发展到组织上的一致了。

“八一”南昌起义爆发，打响了武装反抗国民党反动派的第一枪，揭开了中国共产党独立领导武装斗争和创建革命军队的序幕。当时党内职务并不高的周逸群在“八一”南昌起义中是个关键人物。他最大的贡献在于：深刻地影响了当时并不是共产党员的贺龙跟党走，使二十军成为当时中国共产党掌握的一支重要的武装力量，而该部后来是起义部队的主力。

有人说，周逸群“像一滴红水落到缸里，正在逐渐扩散，改变着部队的颜色。”贺龙自己也曾感慨地说，周逸群对他的影响，是对他思想上的第三次推动，也使他真正地接近了中国共产党。

四渡赤水纪念馆

概况

四渡赤水纪念馆位于红军一渡赤水河的渡口所在地——贵州省遵义市习水县土城镇。四渡赤水主战场在习水，红军在习水活动长达62天，第一、二、四渡赤水河均在习水县。2009年5月，四渡赤水纪念馆被中宣部评为第四批全国爱国主义教育示范基地。

1935年1月29日，红军主动撤出战斗，从土城、元厚西渡赤水河，拉开了“四渡赤水”序幕。此后的3个多月，红军在土城至茅台百里地段的赤水河上又三次飞渡，穿插于敌兵之间，驰骋于川滇黔边广大地区，终于跳出了40万敌军的围追堵截，取得了战略转移具有决

◎四渡赤水纪念馆

定意义的胜利。

四渡赤水纪念馆由中央军委原副主席张震题写馆名，在红军三军团司令部旧址内陈列展出，旧址为二层中西合璧式建筑。展厅建筑面积620平方米，分战史陈列和辅助陈列两部分进行陈列。战史陈列翔实地再现了红军于1935年1月遵义会议后在毛泽东等的领导下，四次飞渡赤水河，至5月9日渡过金沙江，取得战略转移伟大胜利的光辉历史。分为土城战役、四渡序曲，一渡赤水、扎西整编，二渡赤水、再占遵义，三渡赤水、调虎离山，四渡赤水、出奇制胜等五个篇章，凸显了四渡赤水的“神”与“奇”。辅助陈列包括“四渡赤水精神，光耀革命老区”专题书画展，彭德怀、杨尚昆同志住室复原等。馆内收藏红军文物300余件。馆内展览陈列采用图片、文字、实物相结合的方式，综合运用了声、光、电等技术手段，生动体现了那一段辉煌的历史。

◎四渡赤水纪念馆中雕像

四渡赤水出奇兵

著名的红色经典史诗《长征组歌》里有这样一段：

> 横断山，路难行。天如火，水似银。
>
> 亲人送水来解渴，军民鱼水一家人。

横断山，路难行。敌重兵，压黔境。

战士双脚走天下，四渡赤水出奇兵。

乌江天险重飞渡，兵临贵阳逼昆明。

敌人弃甲丢烟枪，我军乘胜赶路程。

调虎离山袭金沙，毛主席用兵真如神。

这段歌词是对“四渡赤水”生动而准确的描绘。美国作家哈里森·索尔兹伯在其所著的《长征——前所未闻的故事》中写道：四渡赤水是“长征史上最光彩神奇的篇章。”毛泽东也曾说，四渡赤水是他一生中的“得意之笔”。

赤水河，古称安乐水，属长江上游的一条支流，流经川、黔、滇三省的交界处，全长400多公里，在四川合江县注入长江，水流湍急，有多处险滩。梅雨涨水的时候，水流夹杂着自上游冲刷下来的红色泥沙，奔腾咆哮，浑浊不清，而呈现为褐红色，因此得名“赤水河”。明代诗人吴国伦曾这样描写赤水河：“万里赤虺河，山深毒雾多。遥疑驱象马，直欲捣岷峨。筏趁飞流下，横穿怒石过。劝郎今莫渡，不止为风波。”1935年1月29日至3月22日，中央红军四次往来跨过这条河，进行大小战斗30多次，这就是四渡赤水战役。

1935年1月上旬，中央红军长征到达贵州遵义地区。中旬，中共中央政治局在遵义召开扩大会议，实际上确立了毛泽东在红军和中共中央的领导地位。这时，蒋介石为阻止中央红军北进四川同红四方面军会合或东出湖南同红二、红六军团会合，调集其嫡系薛岳兵团和黔军全部、滇军主力及四川、湖南、广西的军队各一部，向遵义地区逼进。

在敌人各路大军从几方压来的情况下，中共中央和中央革命军事委员会决定中央红军由遵义地区北上，在宜宾、泸州之间北渡长江，进入川西北，同红四方面军会合，创建新的苏区。1月19日，中央红军分三路向土城、赤水方向前进。28日，红三、红五军团与川军两个旅在土城以东青杠坡山谷地带，进行了几个小时激战，但没有取得较大战果。此后，川军后续部队4个旅迅速增援。毛泽东等决定，立即撤出战斗，西渡赤水河，向古蔺以南地区前进，北渡长江。

1月29日，红军分三路从元厚、土城地区一渡赤水河。毛泽东等人鉴于川军已加强长江沿岸防御，决定暂缓执行北渡长江计划，挥师西进，来到四川云南交界的扎西地区集中，这时，川军潘文华部、滇军孙渡部从南北两个方向逼近扎西，毛泽东又决定东渡赤水河，向国民党军兵力薄弱的贵州北部地区发动进攻。

2月18日至21日，中央红军分别从太平渡、二郎滩二渡赤水河。红军回师黔北，打乱了敌人的部署，川军一部慌忙向东追击，黔军又急忙抽调遵义部队向娄山关、桐梓增援，吴奇伟纵队两个师向遵义开进，企图阻止并围歼红军于娄山关或遵义以北地区。中共中央、中革军委决定乘敌大部尚未到达之际，迅速击破黔敌的阻拦，奇袭娄山关，再占遵义城。在战役中，红军在敌情非常严重的情况下，5日之内连克桐梓、娄山关、遵义，击溃和歼灭敌人两个师八个团，俘虏敌军3000多人。这次战役是长征以来最大的一次胜利。

遵义战役后，损兵折将的蒋介石气愤不已，从汉口飞抵重庆坐镇指挥，并调整作战方案，企图在遵义、鸭溪地区围歼红军。为了应对蒋介石新一轮更加凶猛的围攻，中革军委于3月4日决定组织前敌司令部，朱德任司令员，毛泽东任政治委员。11日，中央决定由周恩来、毛泽东、王稼祥组成新的“三人团”，负责指挥红军的行动。15日，红军主力进攻鲁班场的敌第2纵队，可敌人的三个师联合在一起，其力量大于红军。因敌我力量相差较大，红军发动的攻击未能奏效，而敌人的援军已经接近，红军于是转兵北进。

3月16日至17日，红军在茅台及其附近三渡赤水河，向四川南部的古蔺、叙永前进。蒋介石见红军又要北渡长江，急令所有部队向川南进击。在敌人的大军再次向川南集中之际，毛泽东等决定，乘敌不备折兵向东，在赤水河东岸寻机歼敌。为迷惑敌人，红军以一个团伪装主力，大张旗鼓地向古蔺前进，诱敌向西。然后，红军主力又突然折向东北。

21日晚，红军连夜分别由二郎滩、九溪口、太平渡四渡赤水河，从敌人的重兵包围中分兵几路向南一路急行军。此外，红九军团暂留在马鬃岭一带向长干山佯攻，受到迷惑的敌军大量向北涌去。红军主力继续南进，突破了敌人设在鸭溪、白腊坎的封锁线，于31日渡过乌江，巧妙地跳出敌人的包围圈，把敌人的几十万大军甩在乌江北岸。

红军主力四渡赤水之后，中央红军主力于5月9日渡过金沙江，单独活动的红九军团也由会泽以西渡过金沙江，不久与主力会合。

红军四渡赤水战役是中国工农红军战争史上以少胜多、变被动为主动的光辉战例，是毛泽东根据情况的变化，吸取前几次战斗的教训，指挥中央红军巧妙地穿插于国民党重兵包围之间，灵活地变换作战方向，为红军赢得了时机，创造了战机，在运动中歼灭了大量国民党军，掌握了战场的主动权，取得具有决定意义的胜利。

西藏自治区

西藏自治区地处世界上最大最高的青藏高原，独特的地理环境造就了其独一无二的雪域风光，这里地域辽阔，地貌壮观，其资源丰富。这里有被称为“世界屋脊”的喜马拉雅山，有奔流不息的雅鲁藏布江……自古以来，这片土地上的人们创造了丰富灿烂的民族文化。作为生活在西南边疆的祖国儿女，用自己的勤劳与智慧，建设着美好的家园。

山南烈士陵园

概况

山南烈士陵园位于西藏自治区乃东县，建于1965年。陵园内安葬着在和平解放西藏、西藏平叛改革、中印边境自卫反击作战，以及在西藏的社会主义革命和建设事业中英勇牺牲的烈士约700位。它最初建在今山南地区汽修厂附近，1962年改建于现址，1966年建成并正式对外开放。1997年7月，山南烈士陵园被中宣部评为第一批全国爱国主义教育示范基地。

山南烈士陵园建成后，党和国家领导人及当地政府都极为重视，分别予以题词。在庄重的大门上有朱德委员长题的“烈士陵园”四个大字；纪念馆朱红大门上有邓小平题的“烈士纪念馆”横匾。馆内有中央人民政府驻藏代表张经武题的：“进军西藏，保卫国防；筑路生

◎山南烈士陵园

产、发挥力量；平叛改革，成绩辉煌；自卫反击，英勇顽强；不惜牺牲，建设边疆；烈士精神，万古流芳”；照壁上有张国华司令员题的“浩气长存”四个大字；谭冠三政委题的：“忠于祖国、气壮山河”。

陵园现有南北两馆、四个陈列室、两个大厅，建筑面积约 1108 平方米，为藏式宫殿建筑风格。馆内陈列着革命烈士遗物和反映他们英勇事迹的艺术作品，有照片、油画、图片和雕塑等。山南烈士陵园是西藏境内规模最大，内存资料最多，资料保存最为完整的烈士陵园。

英名永存

在山南烈士陵园北馆大厅东面的第二陈列室，陈列着 1962 年中印边境自卫反击战中牺牲的 44 位烈士的事迹简介和遗物，这里的雕塑、43 张照片和油画向人们讲述着一个个战斗英雄的故事。

1947 年独立后的印度在边境问题上一直与中国存在冲突。从 20 世纪 50 年代初期，印度不断对中国领土进行蚕食、侵扰，甚至派兵侵占。印方不顾中方的多次交涉、抗议，步步紧逼，严重威胁了中国的国防安全和国家安全。1962 年 10 月下旬至 12 月初，中国实施了自卫反击作战，有力地打击了印度扩张的嚣张气焰，捍卫了国家主权和领土完整。在这次反击战中，英雄们的优秀事迹十分感人。

周天喜是 7933 部队七连排长，四川省安岳县人。1962 年，配有重火器的印军盘踞在瓦弄地区的“八〇”高地上，凭借地势险恶，工事坚固，阻拦反击部队前进。周天喜奉命带领 14 个战士勇敢机智地攀上悬崖陡壁，出敌不意，向敌人阵地投出手榴弹，一举占领了敌前沿。这时，敌军形成交叉火网，对反击部队十分不利。周天喜判明敌情，果断地把小分队分成两个组，向敌人左右侧攻击，使印军首尾不能相顾，反击部队攻克了第一个敌群。正当要向第二个敌群发起攻击时，周天喜身负重伤，仍鼓动大家英勇奋战。在他英勇顽强精神的感召下，小分队胜利地攻占了“八〇”高地，为了反击部队打开缺口，周天喜却壮烈牺牲。

中印边境自卫反击战的卡龙战役中，7891部队二连六班担任尖刀班任务。以阳廷安为首的尖刀班战士们在战斗中冲锋在前、奋勇杀敌，攻克地堡27座，歼灭敌人60余人，为卡龙战役的胜利奠定了基础。为了表彰他们不朽的功绩，国防部授予他们“阳廷安班”英雄称号，并被集体记一等功。

与周天喜、“阳廷安班”同时安葬在山南烈士陵园的还有进军西藏修筑公路、平息叛乱过程中光荣牺牲的烈士。最可爱的人，永远不倒的钢铁长城，是他们用鲜红的血液和年轻的生命捍卫了祖国的统一，同时换来了西藏美好的今天。

江孜抗英遗址

概况

江孜抗英遗址，位于西藏雅鲁藏布江支流年楚河北岸的江孜县白居寺背山顶上，是1904年西藏人民英勇抗击入侵英军的地方。历时两个多

◎江孜抗英遗址

月的江孜保卫战，是西藏近代史上抗击外国侵略者规模最大、最为惨烈悲壮的战斗。现在，江孜抗英遗址尚有保存较完整的“抗税厅”、“旧政府议事厅”、“抗英炮台遗址”等。炮台筑在半山前崖，围墙以石块筑成，高 5 到 8 米、宽 4 米。宗山顶上屹立着的古城堡便是始建于公元 967 年的著名“宗山堡”，它是西藏军民英勇抗击入侵英军的历史见证。1997 年 7 月，江孜抗英遗址被中宣部评为第一批全国爱国主义教育示范基地。

美丽的江孜

江孜古城全名为“江卡尔孜”，藏语意为“胜利堡垒之顶”。江孜地势高峻，平均海拔 4000 米以上，是南去亚东，西去日喀则等地的交通要道。

江孜是国家级历史文化名城，原是西藏第三大城市，是与不丹、锡金、印度等国通商的商品集散地。在历史上，江孜是古代苏毗部落的都城，在松赞干布的父亲囊日松赞降服了苏毗后，江孜便成为贵族的封地。江孜建城已有 600 年，比日喀则稍早，由于地处萨迦、后藏经亚东通往锡金、不丹的路上，且地沃物丰，成为商旅往来的交通要道，后发展成沟通前后藏的重要通衢，为西藏一大重镇。它位于前藏最西端，距离拉萨 254 千米。在江孜城南 4 公里的班觉伦布村，保存着西藏唯一完整的封建领主庄园——帕拉庄园，为人们认识旧西藏的封建农奴制提供了宝贵的标本。

江孜经济以农业为主。主要农作物有青稞、冬春小麦、油菜子、豌豆等，素有“西藏粮仓”之称。此外，江孜还享有“藏毯故乡”之称，主要产品有地毯、壁毯、藏被等。江孜卡垫也闻名全国。

江孜名胜除宗山、抗英炮台外，还有藏传佛教各教派共存于一寺的白居寺和独具特色的江孜白塔。宗内的白居寺是一座名寺，主要有两大特色，其特色之一是一寺容三派，它原属萨迦教派，后来噶当派和格鲁派的势力相继进入，各派一度互相排斥，最后形成了互谅互让

◎江孜古城

友好局面。于是，白居寺便兼容萨迦、噶当、格鲁三个教派，因而寺内供奉及建筑风格也兼收并蓄、博采众长。另一特色是白居寺的标志菩提塔，是由近百间佛堂依次重叠建起的塔，人称“塔中有塔”。塔内佛堂、佛龛以及壁画上的佛像总计有十万个，因而得名“十万佛塔”。藏语称这座塔为“班廓曲颠”，意为“流水漩涡处的塔”，这流水便是年楚河。

江孜的达玛节已有 500 多年的历史。据说在萨迦王朝时期，江孜法王帕巴桑布在群众中享有很高的威望，帕巴桑布死后，他的弟子每年做祭把以表纪念，后因战乱中断。公元 1408 年帕巴桑布的儿子贡桑绕帕任江孜法王后恢复祭把。这一年的藏历 4 月 10 日至 4 月 27 日，贡桑绕帕为其父念经祭把，并进行娱乐活动，内容主要有展佛、跳神等宗教活动。到了扎西绕丹任江孜法王时，也就是公元 1447 年，还增添了骑射、藏戏、歌舞等娱乐活动。江孜达玛节一直延续至今。

1904 年发生的那段可歌可泣的抵抗外侮的历史，让江孜成为一座著名的“英雄城”。在江孜县中心的山顶上，屹立着一座城堡，这便是闻名中外的江孜宗山抗英遗址。至今，此处仍保留着 1904 年江孜军民保卫祖国领土的抗英炮台。炮台旁边，褐红色的岩石傲然挺立，石缝

中长满紫穗花。在宗山前面的广场上，人们矗立起了一座江孜宗山英雄纪念碑，以缅怀一个世纪前的抗英英雄们。

抗击侵略的战斗

1996 年上映的电影《红河谷》，让越来越多的人知道了宗山这个地方。发生在这里的抗击外国侵略者的故事也一次次激荡着人们的心潮。

早在公元 1600 年，英国在印度成立其侵略东方的大本营——东印度公司并逐渐把魔掌伸向西藏。18 世纪后期，他们开始以“传教”、“游历”、“探险”和“通商”等方式进行阴谋活动，均遭到了西藏人民的坚决反对。于是，英帝国主义便露出狰狞面目和侵略本质，开始了对中国西藏地区赤裸裸的武装侵略。

1840 年，英国发动鸦片战争，用大炮打开了中国的大门，外国侵略势力从此蜂拥而入，中国逐渐沦为半殖民地半封建社会。对中国西藏垂涎已久的英国侵略者加紧入侵西藏，西藏人民也由此展开了一场长期而复杂的反侵略斗争，涌现了许多可歌可泣的英雄人物，谱写了一曲气壮山河的反抗侵略、保卫家园的颂歌。

1888 年，英帝国主义第一次发动了侵藏战争，即隆吐山战役。不幸的是，隆吐山失守，英军占领了隆吐山、纳汤等地区。

1903 年 7 月，英帝国主义派荣赫鹏率领一支万人大军，由麦克唐纳少将指挥，开始了对中国西藏地区第二次大规模的武装侵略。12 月 12 日，英国偷越了则利拉山口，13 日进驻仁进岗，21 日占领帕里。1904 年 1 月，英国又相继占领了堆拉、戈吾等地，矛头直指江孜。从此开始了以江孜人民为主的西藏人民反抗英帝国主义武装侵略的第二次抗英战争。

1904 年 4 月 11 日，英帝国主义侵略军 600 人从亚东向北入侵江孜，他们凭着先进的武器，强行推进，滥杀无辜。江孜军民和白居寺僧侣拼死抵抗，为此，江孜境内 16 岁至 60 岁的男丁被紧急征召抗英。

西藏人民在宗山上筑起炮台，用土炮、土枪“乌躲”、刀剑、梭镖和弓箭与入侵者展开了英勇的血战。英军的目的是攻占拉萨，签订不平等条约，所以江孜是必经之路，宗山就成为必争之地。藏军以劣势武器在宗山城堡与围攻的英军激战，损失惨重。

6 月，英军派来了援军，用大炮猛轰宗山炮台，堡垒中的火药库不幸被英军炮火击中而爆炸。江孜军民在最后关头，仍用石头居高临下，拼死抵抗，坚持了 3 天 3 夜后，最后所有的勇士宁死不屈跳崖殉国，写下了光辉而悲壮的篇章。

在这片神圣的土地上，江孜人民英勇抗击英国侵略者的事迹，使江孜有了“英雄城”的称号，使江孜焕发出更绚丽的光彩，更给了江孜以英雄的气概。

拉萨烈士陵园

概况

拉萨市烈士陵园始建于 1955 年，重修于 1991 年，占地 6.3 万多平方米。陵园内安葬着为和平解放西藏、修筑川藏、青藏公路、平叛改革、中印自卫反击战、平息拉萨骚乱和为西藏发展与建设英勇献身的八百多位烈士，被国务院授予“全国先进工作者”称号的人民公仆、领导干部的楷模、优秀共产党员孔繁森的陵墓也建在园内。

拉萨烈士陵园由纪念碑、广场、烈士亭、照壁、陵寝等建筑物组成。陵园大门旁立着大幅黑字对联，刻的是毛泽东的诗词“为有牺牲多壮士，敢教日月换新天”。长长的石板路，墓道径直通向整座陵园中最宏伟的建筑，陵园平台正中耸立着占地 32 平方米、高 9 米的钢筋水泥结构双峰纪念碑，用藏汉两种文字书写“革命烈士永垂不朽”。平台

东西两侧建有烈士纪念亭，纪念亭四面开间，内有四柱及阶梯形基座。亭内竖有3米高的石碑，刻有“浩气长存”、“光照千秋”藏汉鎏金大字。整个陵园显得非常肃穆。

◎拉萨烈士陵园纪念碑

拉萨市烈士陵园是历史的见证，是西藏自治区进行全民国防教育的社会课堂及进行爱国主义教育、革命传统教育的重要场所。2009年5月，拉萨烈士陵园被中宣部评为第四批全国爱国主义教育示范基地。

见义勇为的藏族英雄

在拉萨烈士陵园大门的东侧，安葬着一名叫洛桑丹增的藏族解放军战士。

1974年12月30日下午4点多，朔风呼啸，寒流滚滚。此时，8个藏、汉儿童正在拉萨市人民公园南侧河冰面上滑冰。忽然，11岁的藏族儿童咪玛失足滑到河心，压碎脆薄的冰层，跌入了冰窟窿。时任解放军某工程团副连长的洛桑丹增在罗布林卡吉曲河畔路过，忽听到了呼喊——有人落水了！洛桑丹增迅速跳上冰面，跑到冰窟边沿，探身抓住孩子的手就往上拉。“咔嚓”一声，脚下的冰层塌落了，两人一起掉进了冰窟窿。

河水将近6米深，冰冷刺骨。洛桑丹增全身浸在水中，吃力地用双手把咪玛托到冰沿，由于冰层太薄，人压上去就不断地破碎坍塌，无法把把孩子送到冰面上。这时，岸上的几个孩子拿来绳索和木板，想把他们拉上来，洛桑丹增忙喊：“别过来，危险!”

天寒地冻，洛桑丹增在冰冷的水中艰难地托着小咪玛。到了最后关头，洛桑丹增拼尽了最后一点力气，顽强地把咪玛顶出水面，推上冰沿。咪玛终于得救了，洛桑丹却被河水吞没了。几百名群众砸开冰层救起洛桑丹增时，他已经停止了呼吸。小咪玛的父亲紧紧地将洛桑丹增搂在怀里，不相信他已经牺牲。他流着泪水说："洛桑丹增用生命抢救了小咪玛，我一定要教育小咪玛，长大做洛桑丹增那样的人！"

这是洛桑丹增第 22 次抢救战友和人民群众的生命了，这位年轻的英雄为了他热爱着的人民献出自己宝贵的生命。1975 年，中央军委发布命令，授予洛桑丹增"爱民模范"的光荣称号，并且号召全军指战员向洛桑丹增学习。

西藏博物馆

概况

西藏博物馆坐落于拉萨市罗布林卡东南角，是西藏第一座具有现代化功能的博物馆，1999 年 10 月中华人民共和国成立 50 周年和西藏民主改革 40 周年之际落成开馆。2009 年 5 月，西藏博物馆被中宣部评为第四批全国爱国主义教育示范基地。

西藏博物馆占地面积 53959 平方米，总建筑面积 23508 平方米，展厅面积 10451 平方米，气势宏伟壮丽。馆区中轴线上依次坐落着序言厅、主展馆和文物库房。西藏博物馆具有鲜明的藏族传统建筑艺术特点，同时又体现了现代建筑的实用特点和艺术魅力。

西藏博物馆馆名由江泽民题写，藏文馆名是从 17 世纪金写《大藏经》上临摹下来的。博物馆墙体用花岗石砌成，上端是藏式女儿墙即镶嵌柽柳女墙，屋顶用琉璃瓦覆盖。博物馆内部结构采用现代结构体，朝阳的一面镶有宽敞的落地玻璃。馆区层楼叠阁，肃穆恢弘，绿树成荫，回廊蜿蜒，整个建筑群碧瓦红砖，画栋雕梁，交相辉映，显示出

◎西藏博物馆

浓厚的藏民族建筑风格和现代气息。

陈列艺术设计也突出了藏族的民族风情，如序幕厅中的藏式建筑梁柱结构，门楣、梁架的装饰，壁龛上藏、汉、英三种文字的前言；每部分的前言，均作四柱三间横梁托木式框架；陈列厅内柱头及顶棚用柱面幡、布艺、香布来装饰，陈列柜上镶紫铜八吉祥图案。这些形式设计既改变了原建筑内装修的简陋，又营造了浓厚的藏族艺术氛围。

西藏博物馆有丰富的馆藏珍品，包括各种类型的史前文化遗物，多种质地和造型的佛、菩萨人物造像，历代蘸金粉、银粉、珊瑚粉等手写的藏文典籍，五彩纷呈的唐卡画，各种乐器、法器，具有鲜明的民族特色的手工艺品，别有风格的陶器等。西藏博物馆开馆展览推出了《西藏历史文化》的基本陈列，即史前文化、不可分割的历史、文化艺术、民俗文化四个部分组成。

异彩纷呈的民俗风情

地处雪域高原的西藏有着独特的自然环境、历史文化、宗教生活和经济形态，这里有着独特的民俗文化。藏族服饰具有悠久的历史，又有鲜明的特色，这是由藏民族的起居、行旅、劳动方式等决定的。

◎西藏博物馆内景

西藏人民的衣冠服饰是与西藏地域的气候寒冷及其赖以生存的土壤和藏族文化物质分不开。牧区海拔高，气候寒冷，人们只有穿着皮袍、皮帽、皮裤、皮靴等皮装才能御寒。而农区气温相对温和，干燥少雨，而且昼夜温差比较大，所以人们的衣冠服饰多呈现艳丽的色彩。

长期以来，藏族人民在饰品、民居、用具、交通工具、民间工艺、民间竞技等方面都形成了自己独有的风格和特色，在西藏博物馆中漫步，可以领略西藏地区具有特色的民俗风情。

饰品：藏族人民喜爱装饰，妇女们的头上多饰有“巴珠”即珠冠，发辫上缀以金银珠玉，耳戴耳环，颈挂项链，胸前佩有佛盒，手腕上戴手镯，手指上戴戒指，背披长串银币。藏族男子多佩刀剑，戴耳饰和手镯。

民居：西藏农区以土石建筑为主，以土石垒墙，用泥抹顶，而牧区的人民以居住粗牛毛织成的帐篷为主，这样可抵御风雹雪并易于驮运搬迁。

用具：在用具方面，农区、牧区均有自己的地域特色。如炊具、餐具、茶具、酒具等饮食用具，在农区适用于食糌粑、面食等，佐以酥油等饮食习惯，牧区则适用于食用肉类和奶制品。

交通工具：在农区多靠骡帮和驴帮，渡河的时候除了用木船外，多用由数张牛皮缝制而成的牛皮筏；而牧区多在高原深谷之间，除了马匹之外，这里的人民主要靠牦牛和驮马运输。

民间工艺：最有民族特色的有石锅、木碗、玉碗、腰刀、金银器皿、地毯（卡垫）等。

民间竞技：赛马、射箭是身体健硕、勤骑善射的藏族青年最喜爱的竞技项目。同时摔跤、抱石、投石比赛也为众多男子所喜爱。

镇馆之宝——双体陶罐

双体陶罐是西藏博物馆的镇馆之宝，它是在昌都卡若遗址中发现的。

1977 年，水泥工人施工时发现了昌都卡若遗址。1978 年夏，遗址被正式发掘。因为距西藏昌都县加卡区的卡若村仅 400 米，所以将此遗址命名为“卡若”。

卡若遗址位于西藏昌都以南 12 公里，在澜沧江以西卡若附近的三角形二级台地上，海拔高度为 3100 米。迄今为止，它是中国已发掘的海拔最高、经度最西的一处新石器时代遗址，也是西藏自治区发现的第一处原始社会村落遗址。两次发掘共获房屋遗址 28 座，石工具 7000 多件，骨工具 300 多件，陶片两万余件，装饰品 50 件，以及粟米、动物骨骸等文物。

双体陶罐是卡若遗址出土的最有特色的陶器，它是卡若文化的代表。两个罐体像连体婴儿一样紧紧依偎在一起，造型优美，构思巧妙。罐上花纹也非常的精美，采用了西藏具有民族特色的吉祥徽图案。可见当时西藏人民制陶技术的高超，不仅考虑到陶器的实用而且注重到了美观。双体陶罐是卡若人智慧的结晶，同时对研究和发展藏族民族工艺提供了宝贵资料。

◎西藏博物馆的镇馆之宝——双体陶罐

参考文献

1. 李庆山. 80 个看似不可取胜的战役. 南昌：江西教育出版社，2007

2. 刘伯承. 刘伯承回忆录. 上海：上海文艺出版社，1981

3. 许世友. 忆万源保卫战. 南京：南京部队政治宣传部编，1959

4.《中国现代革命史资料丛刊 川陕革命根据地史料选辑》 四川省社会科学院，1986

5. 吴明贤. 李白与四川. 成都：四川大学出版社，2010

6.中共中央宣传部宣传教育局. 第三批全国爱国主义教育示范基地巡礼. 北京：学习出版社，2009

7.时广东，冀伯祥. 中国远征军史. 重庆：重庆出版集团，1994

8.《伟大的长征》编委会. 伟大的长征. 西安：陕西人民出版社，2006

9. 黄锦思. 战斗在敌人心脏. 郑州：河南人民出版社，1979

10. 中共丽江地委宣传部、丽江地区教育委员会编. 多彩的丽江：丽江地区区情教育读本（中级本）. 昆明：云南科技出版社，1998

11. 邱宣充主编. 云南名胜古迹辞典. 昆明：云南科技出版社，1999

12. 聂荣臻等著. 伟大的转折——遵义会议五十周年回忆录专辑. 贵阳：贵州人民出版社，1984

13. 唐承德，姜之铮. 周逸群传记. 北京：中共党史出版社，2006

14. 李烨. 阅读西藏——注释神奇的土地. 银川：甘肃人民出版社，2008

15. 中共河南省委党史研究室编. 功载中原. 郑州：河南人民出版社，2006